敏捷领导力

未来属于擅长随机应变的多面管理者

Flex

The Art and Science of Leadership in a Changing World

[美]
杰弗里·赫尔（Jeffrey Hull）——著
何珊——译

中信出版集团 | 北京

图书在版编目（CIP）数据

敏捷领导力：未来属于擅长随机应变的多面管理者 /（美）杰弗里·赫尔著；何珊译 . -- 北京：中信出版社，2021.5

书名原文：Flex：The Art and Science of Leadership in a Changing World

ISBN 978-7-5217-2782-1

Ⅰ. ①敏… Ⅱ. ①杰… ②何… Ⅲ. ①领导能力 Ⅳ. ① C933.41

中国版本图书馆 CIP 数据核字（2021）第 070287 号

敏捷领导力——未来属于擅长随机应变的多面管理者

著　　者：[美] 杰弗里·赫尔
译　　者：何珊
出版发行：中信出版集团股份有限公司
（北京市朝阳区惠新东街甲 4 号富盛大厦 2 座　邮编　100029）
承 印 者：天津丰富彩艺印刷有限公司

开　　本：880mm × 1230mm　1/32　　印　　张：9　　字　　数：172 千字
版　　次：2021 年 5 月第 1 版　　印　　次：2021 年 5 月第 1 次印刷
京权图字：01-2020-0042
书　　号：ISBN 978-7-5217-2782-1
定　　价：59.00 元

名人推荐

对有兴趣探索当今世界领导力的复杂性的人来说，这本书是必读书。作为一名经验丰富的高管培训师，杰弗里邀你进入他的世界，和你分享他和他的客户学习培养灵活的领导力，从而实现个人和事业发展的旅程。这是任何想要深入了解如何做一名睿智领导者的人的首选指南。

——特蕾西·杜伯曼（Tracy Duberman），
博士、领导力发展集团（the Leadership Development Group）总裁、
《从竞争到合作》（*From Competition to Collaboration*）作者

这不仅仅是又一本传统的关于领导力的书。杰弗里发人深省的叙事能在引人发笑的同时提供对当今领导力环境之复杂性的深刻洞见。我自始至终都沉浸其中。

——斯科特·克拉姆（Scott Crum），
摩根士丹利资本国际公司（MSCI）人力资源总监

如果你没有一名高管培训师指导你的发展，那么次优的选择是什么呢？就是阅读由资深高管培训师杰弗里·赫尔撰写的这本书。这本书讲述了一系列引人入胜的与培训相关的故事，包含了数条简洁而深刻的原则，指导我们在当今难以预测的世界中施展领导才能。

——玛格丽特·摩尔（Margaret Moore），
教练学院（Institute of Coaching）联合创始人、好教练公司
（Wellcoaches Corporation）联合创始人兼首席执行官

这本书实为宝藏！在职场动态变得越来越复杂的情况下，杰弗里解决了当代领导者面临的挑战，并指明了一条清晰的前行之路。他的愿景是打造更加真实、协作性和流动性更强的组织机构。完全正确。

——马塞拉·马努本斯（Marcela Manubens），
联合利华综合社会可持续发展项目全球副总裁

杰弗里是培养领导者的演进过程中的一名先驱。这本书是一张详尽的路线图，包含了为领导者和培训师准备的理念和实践方式，帮助他们获得在未来几年中实现蓬勃发展所需的领导力。

——埃里克·考夫曼（Eric Kaufmann），
萨加提卡领导力发展公司（Sagatica）创始人兼总裁、
畅销书《领导者的四大品质》（*Four Virtues of a Leader*）作者

妙极了！对千禧一代、首席执行官、企业家，以及任何崭露头角、需要了解如何将自身领导力提升至全新水平的领导者来说，这都是必读之书。

——卡罗尔·考夫曼（Carol Kauffman），

博士、美国职业心理学委员会成员、哈佛医学院助理教授、

教练学院创始人 / 执行董事

超级棒！这本书是杰弗里给我们的馈赠，它难得一见地将清晰的叙事和最新的科学研究结合起来，能滋养我们的大脑。这本书深入浅出，从学生到经理再到高管都适合阅读。

——妮娜·西蒙斯（Nina Simons），

生物先锋组织（Bioneers）创始人、《自然、文化与神圣之物：

女性倾听领导力》（*Nature, Culture and the Sacred: A Woman Listens for Leadership*）作者

如果你感到自己对领导力的所有认识都受到了挑战，那就对了！在这本书中，杰弗里通过阐明以包容性为核心的领导力方式来应对当今的美丽新世界。书中有丰富的实用性建议、工具和故事……我预言它将成为全世界领导者的经典参考书。

——詹妮弗·布朗（Jennifer Brown），

詹妮弗·布朗咨询公司首席执行官、

《如何成为一名包容的领导者》作者

这本书睿智且实用。赫尔作为一名在医疗保健及其他领域有多年丰富经验的成功培训师，开发出了一个令人信服的领导力框架，不管是新手还是资深领导者都可以用它来即时改进自己的实践活动。

——艾米·埃德蒙森（Amy Edmondson），
哈佛商学院教授、
《无畏的组织》（*The Fearless Organization*）作者

这本书并不提倡“一刀切”的方法，而是强调内省和调整。对任何愿意提升业绩的领导者来说，杰弗里都提供了找到“真北”方向的指南针。

——杰妮·维纳-克罗尼什（Jeanine Wiener-Kronish），
医学博士、麻省总医院麻醉科主任、哈佛医学院教授

目 录

第三部分

身体领导力：身体机能的力量

前 言

天气出奇地好。对 70 名从首尔来参加音乐交换项目的学生来说，从高空俯瞰旧金山，可能会有些令人眩晕，而他们同时应该也非常兴奋。但在降落前的最后时刻，这架波音 777 上的每一个人都感到大事不妙。根据幸存者事后的描述，从舷窗向外看去，飞机已经无限接近旧金山湾防波堤的地面，仿佛可以直接从飞机上走下去。美国当地时间 2013 年 7 月 6 日 11 时 28 分，韩亚航空 214 号航班撞向了作为旧金山湾和机场跑道分隔线的防波堤，最终三人遇难，多人重伤。

当时，这是美国近五年内首起造成人员死亡的飞机撞击事件，也是波音 777 飞机首次出现此类事故。在事故的余波之后，机上的三名飞行员道出了与其相关的全部情况。

即使是在最佳飞行条件下，机组人员的角色也会根据资历的深浅、座位的选择、谁是指定的机长而大有不同。但有一件事他们应该都受过训练：在飞行期间察觉到任何不当情况，都应当大胆地说出来——即便这意味着违拗资深飞行员或机长的命令。这架失事飞机明显是在完全通过跑道之前就迅速撞上了防波堤，驾驶舱中的记录和数英里[①]之外——旧金山湾另一端的目击者用视频记录了这次灾难性的降落事故——都有相关佐证。事后，机长说他在“目视进场着陆”[②]时感到“不适”，但当时自动飞行控制系统出现了故障，他必须看着窗外以便估算着陆的时机、速度及飞行高度，确保飞机以传统方式安全降落。但机上的两位副驾飞行员都没有提示他适宜降落的时间，其中一位副驾飞行员有丰富的经验，在大型客机上有数千小时的飞行记录，而且他早已注意到飞机下降得过快、过低，错过了安全降落的最佳时机。当第三位飞行员大喊“重飞”——飞机在触地之前再次起飞、转弯之后再次尝试降落——时，他们只剩4秒钟应对整个过程。时间太过紧迫，时机已然太晚。为什么没有人早点儿说呢？

3 000英里之外，在一个天气同样晴好的下午，我在美国最大的一家知名医院采访一位资深麻醉医生，探讨有关韩亚航空214号航班的话题。虽然天气情况纯属巧合，但这次采访却让我印象深刻。妇产科临床专家梅·潘-史密斯（May Pian-Smith）当时刚刚发表了她的最新研究成果，研究主题是“在典型的手术室环境下等级动态存在的固有风险”。在此之前，我刚结束了首次手术室参观。整个手术过程中，我坐在自己的位置上，满怀敬畏

① 1英里约为1.61千米。——编者注

② 目视进场着陆，区别于仪表进场着陆，指视野条件好的时候，飞行员可少借助飞机仪表，用肉眼判断来控制飞机着陆。——译者注

地看着外科医生、麻醉医生、护士及操控计算机和自动设备的技术人员彼此之间紧密配合，像是在合力完成一支复杂的舞蹈。

手术台上躺着一位二十多岁的年轻男子，名叫汤姆。医护人员把他推进手术室时，他非常清醒，喋喋不休，还对自己的文身引以为傲，因为所有的护士在看到他的文身之后都发出了惊叹。但当其中一位医护人员提醒他受伤的原因时，他便不吭声了：他在高速路上骑着摩托车试图从一辆货运卡车旁边超车，结果被甩出 50 英尺[①]远，锁骨当场骨折。麻醉医生将他放在手术台上时，他说："谢谢医生，下次我会小心的……"

说实话，从我迈入手术室的那一刻起，相比由雄性激素过剩导致的"路怒症"引发的伤情，我对医护人员之间存在的等级制度更感兴趣。虽然主治医生并不手握柳叶刀，但他仍是处于支配地位的核心人物。手术由住院医生主刀，他向手术室护士、持证注册护理麻醉师（CRNA）、主治麻醉师发出指令。主治医生素以缝合针脚平整著称，他警告住院医生，缝合时动作太快可能导致伤口针脚不够严密。如此一来，住院医生的"劳动成果"——可能在患者身上留下的疤痕——会和这位主治医生在病历上的签名一道永远留存。

梅是负责培训手术室新手医生的主要麻醉师之一。事后，当与她谈及这种等级动态时，我问道："如果其中一位医护人员与主治医生的意见有分歧怎么办呢？他们会说出来吗？"我很清

① 50 英尺约合 15 米。——译者注

楚，通常情况下主治医生都不太喜欢遭到反驳——也许不是所有主治医生都是如此，但在一台正在进行的手术中，这是肯定的。当时梅刚好公布了自己的研究成果，主要探讨如何最大限度地降低外科手术失误率。然而，现实是残酷的。数百项针对手术失误致死的研究表明，在手术过程中，当医护人员因惧怕“神圣而不可侵犯的”主治医生权力而不敢提出不同意见时，通常容易发生本可避免的医疗事故，结果令人痛心。

梅指出，好在全美乃至全球的医疗团队都在逐步提升自身的活力。新的培训计划和协议自 2001 年开始运作。模拟项目旨在培训年轻医生如何在团队中开展工作，尊重传统和等级，并且学会站在病患的立场进行观察、做出行为和发表言论。一旦非权威人士察觉到异常，他们应当被鼓励——不，应该说他们有义务——毫无保留地指出这种异常。在“阿尔法领头狗”[1] 面前无人敢言的时代即将成为历史。

当然，传统很难真正被改变。尽管人们已经认识到团队合作的重要性，但对资历尚浅的临床医生来说，让他们在权威面前揭示真相的确具有挑战性。当近距离观察“外科手术之舞”时，我完全能够理解这种情况。我想，我也会因为要在主治医生面前说出事实而陷入窘境。主治医生显然是团队的核心人物，其他人都必须按照他的吩咐去做。在大多数情况下，确实应该是这样的，

---

① “阿尔法领头狗”（Alpha dog）在此处指权威型领导者。——译者注

但有时候也未必。

在畅销书《异类》(*Outliers*)中，作者马尔科姆·格拉德威尔(Malcolm Gladwell)研究了主要由飞行员操作失误导致的空难案例。他发现，驾驶舱中等级动态的核心在于很多文化中对层级和经验有着根深蒂固的尊重，所以不管资历较浅的飞行员受过多么良好的训练，即便他们在飞行过程中已经发现了某些问题，他们也仍然会选择无条件地服从上级指令。格拉德威尔评论道，如果这些飞行员不仅接受了飞行训练，还能够转变观念，不再过度关注到底谁是对的，而是思考什么是对的，那么大多数空难本都可以避免。

格拉德威尔对根深蒂固的传统文化价值观进行了细致的观察：在特定环境下，确实需要有决断力的领导出面应对严峻的形势，迅速决策、力挽狂澜。但我认为，不愿反对领导的现象不仅是一种文化产品，也是由贯穿数千年的父权规则导致的。幸运的是，梅的研究以及我与数十家医院、非营利机构、(从初创型到《财富》百强)企业的合作经历都证实，世界正在发生变化。虽然目前仍是“阿尔法型”领导者占主导地位，但这种现象正在逐渐消失。由各种社交圈和网络组成的组织架构正在迅速取代旧式的金字塔形等级。

对千禧一代(通常指1981—1996年出生的人)的研究表明，他们的价值观可能也像以前每一代人的价值观那样复杂。一般而言，他们都希望等级更少，都倾向于选择有意义的、平等的、以合作关系为导向的文化和工作环境。但是，大约有70%的千禧一代还是希望能得到领导的指点，同时希望向经验丰富的专家请教。他们需要从具有专业知识的人那里获得指导。总的来说，他们想要一位“贝塔型”而非“阿尔法型”的领导。我所说的“贝塔型”的人，不是指被动型或者从属型的人。当今时代存在一种全新的认识：不那么强势和具有权威的人同样能够在领导岗位上展现相当的价值和影响力。苏珊·凯恩（Susan Cain）在畅销书《安静》（*Quiet*）中指出，即使我们生活在外向型文化中，拥有内向型人格的人也能出乎意料地成为高效的领导者。“贝塔型”是指思维方式从以目标为导向、自上而下，向以成长为导向、基于过程的转变。如果我们处在“贝塔型”模式中，这就意味着我们身处无法预料的变化中，总是在不断进步，也总是能察觉到打破现状的需求。

“阿尔法型”领导希望将自己的权威摆在首位，并以结果为导向。这种注重成品的模式已经不再适用于当今的创新型世界。在当今世界中，新的想法如雨后春笋，新出现的伟大事物可能很快就会被视作陈旧腐朽之物。任何一位真正的企业家，不管多么成功，都永远不会满足于已经取得的成果。企业家的本质是对不断追求卓越、提升创造力和生产力始终怀有使命感和热忱之心。“阿尔法型”领导渴望成功，“贝塔型”领导渴望成长；“阿尔法型”领导希望掌握全局，“贝塔型”领导倾向于寻求合作、共享和参与。

我们总能遇到很多“阿尔法型”领导，但越来越多的“贝塔型”领导正在出现并改变我们的思维方式，帮助我们更有效率地应对急剧变化的世界。在这样的世界里，体现成功的传统象征——包括在企业晋升体系中升至顶层——显得滑稽和过时。“贝塔型”领导并非一味追逐职级晋升，他们处于持续发展的状态，无论在何时何地都能施展领导才能。

当推出 Gmail[①] 时，谷歌一下子就改变了“测试版”（beta release）的全部含义。通常情况下，软件开发师都会尽量延迟发布新产品的时间（新产品需要经过多次受控受限的更新迭代），直到他们认为产品“准备好了”。测试版产品意味着工程师并不认为该产品已经完成，他们仍在努力修复产品的程序缺陷。在此之前，没有任何一家公司会考虑发布测试版产品。

谷歌改变了这种局面。它通过向小范围的用户发布测试版产品，鼓励用户反馈使用体验，以了解用户的需求和好恶，发起了一场“寂静革命”（就像今后的“贝塔型”领导）。而且，谷歌邀请了早期用户向朋友们推荐他们公司的产品。这在 2004 年是一场风险巨大的赌博，许多评论家和公司（甚至谷歌内部）的高管都担心公众会给软件挑错并拒绝使用该软件。但由于谷歌对 Gmail 的测试性质表现得非常坦率，也请用户提供了反馈，最终它不仅没有因为产品不完备而遭受损失，反而还赢得了两方面的美誉：第一，谷歌被视为诚信企业，用户不仅没有失望，反而感

① Gmail 是谷歌提供的免费网络邮件服务。——编者注

到备受尊重；第二，用户对谷歌鼓励其反馈使用体验感到非常特别，也就更加愿意和谷歌团队一同提升和改进产品质量。

这一举措深刻改变了创新类产品进入大众市场的方式。自此，企业开始从提供完美的产品——也就是“阿尔法型”产品——向不断提升和改进产品质量的良性循环转变。谷歌并不宣扬自己的产品完美无瑕。Gmail一直处在“贝塔型”，也就是测试状态中。这是对当今领导力发展前景的绝佳比喻。从核心层面来讲，“贝塔型”领导力注重双向互动，它将这种文化转向等同于共享经济。正如我们很多人如今从事不止一份，甚至五份工作，领导力也不再意味着拼命向上升职直至成功的顶峰。

我们都是千禧一代

几年前，我向《哈佛商业评论》(*Harvard Business Review*)提交了一个选题，想谈谈千禧一代领导者正在转变的价值观和态度。他们的答复非常明确：“杰弗里，您关于工作和领导力之美丽新世界的构想很棒，但我们目前关注的重点不是‘千禧一代’。我们没有发现人口统计学上的差异有多大帮助。另外，尽管已经有很多材料显示所谓的千禧一代和X一代①、婴儿潮一代②大有不

① X一代，美国出生于20世纪60年代中期至70年代末的一代人。——编者注

② 婴儿潮一代，美国出生于1946—1964年的一代人。——编者注

同……但我们还不太确定。”说实话，我也不太确定。我的客户无论长幼，都是相似之处多于差异性。诚然，年轻一代都是在智能手机和社交媒体的陪伴下长大的，但我们大多数其他年龄段的人也早已习惯了使用它们。我们都体验着新闻更新周期的加速，电子产品便携好用且令人上瘾，世界各地的距离及各类文化之间的差别日益缩小，工作和生活之间越来越难以实现平衡。

最终，我们变得越来越相似了。我们生活在一个融合的时代，许多差异都在渐渐消失。20 世纪残存的职业安全感早已不复存在。研究表明，千禧一代和新兴的 Z 一代（20 世纪 90 年代后期至 2014 年出生的人）都更加关注意义和目标而非经济收益。他们有社会意识、健康意识，对创造新鲜事物有着浓厚的兴趣。但是，这些价值观是否可能只是婴儿潮一代梦想的轮回？我有一些年长的客户，他们当年为了生计摒弃了自己的利他价值观，却仍旧怀有一种深植内心的热情；他们并不单纯看重报酬，而是希望从事一份富有意义、能够实现个人抱负的工作。从这个角度来讲，可以说如今我们都是千禧一代。

20 世纪 90 年代中期，我供职于信息技术和战略咨询公司博思艾伦（Booz Allen）人力资源部。那时，我首次为需要培训——或者说“咨询”——的专业人士提供服务。无数高级合伙人和委托人找到我，告诉我他们对如何成为一名合格的合作伙伴充满焦虑与渴望——这个问题可以说是咨询界的“终极追求”。麦肯锡、波士顿咨询、贝恩、博思艾伦等大公司都是工商管理学院的第一梯队招聘者：每个工商管理专业的毕业生都想进入这样的咨询公司。你如果想足够幸运地成为这类企业的一分子，就要走好下面的路：维护好你的客户，得到老板的青睐，指导好你的下级，每个星期都在世界各地出差并完成90个小时的工作。如此一来，两年之内你就能升至理想的职位，四年后你就可能成为委托人——这个光鲜的头衔意味着你掌握了更多运营项目，不用再对每一项工作亲力亲为，而且你进入了“销售模式”。成为一名优秀合伙人的关键就在于将“执行项目”转变为“运营项目”再转变为“销售项目”的能力。领导力的技巧本身并不是那么要紧，而处理好公共关系却至关重要：建立完备的客户网络，让客户信赖你的每一句话，并将你视为他们的首席顾问。

目前，我在纽约大学为硕士研究生讲授市场和商业相关课程。在这里，我看到了来自各行各业、热切渴望成功的专业人士，但不可否认的是，现在通往成功的传统路径越来越少。即便是在最传统的企业，比如通用电气、通用汽车、迪士尼及其他的同类公司当中，通往领导层的道路也都已经悄然改变。事实上，我们对成功的定义也已经发生了变化。最值得注意的一点是，领导力已不再是高管层的专属能力。一个人在走上领导岗位之前就需要具备领导力，而领导力比领导这一职位更加重要。领导力在各个层级都是必要的：从下到上、从上到下、从中层到两端。我们对领导力的传统理解——比如领导权威、个人魅力、专业技能等，亦不再是唯一的正解。

如今，大多数人都期待拥有——也可以拥有领导力，它既能带来机遇，也具有破坏性。现在，在急剧变化、动荡不安的工作环境中取胜的领导者，不全是“阿尔法型”的，也不全是“贝塔型”的。要获得强有力的领导力，你必须兼具实力和灵活度；你得了解，为了适应形势，何时需要修正和转变自己的行事方式。总而言之，伟大的领导者是“能屈能伸”的。我由衷佩服我的研究生们，他们在未及而立之年便为了创办公司而奔走，在初创企业中担任要职，管理团队，建立属于自己的业务部门。这类组织必须具有很强的适应性，运作灵活。同时，它们作为积极发展的象征，要为年轻的专业人士提供成为领导者的宝贵机遇，帮助他们跨过“庸碌”的阶段。但是，对任何应对领导力挑战的人来说，他不管来自哪个层级，都会遇到各种各样的障碍。对此，本书可以提供相应的帮助。

在这个纷杂的世界中，你可能也会遇到我的客户们面临的领导力挑战：

玛丽莎是一名遗传学博士，学术成果颇丰，她被提拔为一家国际制药公司研发部的高级总监。当她身处美国费城一处静谧的郊区时，她的直系下属们却分散在挪威、法国、爱尔兰、印度、斯里兰卡、澳大利亚等地。她在美国本土的团队已被解散，至少一年没有做过差旅费预算。她向我提出的第一个问题是：“我该如何领导我从未与之谋面的下属呢？”

杰森受聘于一家成立两年有余的电商初创企业，担任首席产品管理总监。他需要向三位比自己年轻的高管汇报工作。与其直接管理下属，领导更希望他能够“按需吸纳其他团队的成员”。他想知道：“如果人们只是根据个人喜好为我做事，那我该如何领导他们？”

拉克尔被任命为某常春藤院校学院型医院新组建的重症监护科首席主任，他感到非常兴奋。但很快他发现，即便至少有100名兼职医生在重症监护室里工作，却仍没有任何一个人认为自己是他的下属，因为他们同时还隶属于其他科室，如心脏护理科、普通外科、疼痛科等。在这些科室中，行政管理体系已经根深蒂固。他感叹道：“我该如何领导已经被别人领导的下属呢？”

朱莉在一家快速发展的零售公司担任绩效营销高级总监。公司人力资源部告知她需要在任职6个月内提交“360度反馈评价”[①]。关于她急需提升自己“亲民指数”的流言甚嚣尘上。她沮丧地问我：“我如果总是在员工意见调查这样

① 360度反馈评价（360 feedback），又称全方位反馈评价或多源反馈评价，由与被评价者有密切关系的人，包括被评价者的上级、同事、下属、客户等，分别匿名对被评价者进行评价，被评价者自己也对自己进行评价。然后，由专业人员根据有关人员对被评价者的评价，对比被评价者的自我评价，向被评价者提供反馈，以帮助被评价者提高其能力水平和业绩。——译者注

的‘显微镜’下工作，又如何能成功呢？”

欢迎了解全新的领导力。好消息是：上面的故事都已经有了“大团圆结局”。松散无序的环境带来了全新的挑战，但只要有扎实的专业知识，并且在6个重点领域——灵活度（flexibility）、意向性（intentionality）、高情商（emotional intelligence）、真性情（realness）、协作性（collaboration）及参与度（engagement）[①]——开展实践，任何希望成为领导者并愿意尝试新路径的人就都有可能获得超乎想象的成功。相信我，因为我的模型基于科学及更有用的渠道，即直接观察。在后文中，你将会读到玛丽莎、杰森、拉克尔、朱莉之类的领导者，并了解他们是如何有效地探索当今职场动态的。

模型的诞生

我还记得初识马克时，他首先给我留下深刻印象的是“味道”，其次才是他的领导力。马克是一位30多岁的整形外科医生，我们第一次见面时，他正在参加一项由一家大型常春藤联盟医疗机构主办的新兴团队领导者发展项目，该项目主要面向外科、麻醉科、疼痛科医生。在该新项目的培训环节，马克强烈建议我对

① 这6个词语的首字母连起来为FIERCE（凶猛），也就是作者推崇的“敏捷领导力”模型。——译者注

他进行几天跟踪观察。他乐于接受各种反馈意见，也真心希望得到反馈——这样的态度的确少见。与我在2013年观察的外科医生不同，马克是彻底的“贝塔型”领导者。

那天，我们早晨5点30分在星巴克迅速喝完咖啡。接下来，我快速学习了如何穿戴手术服和进行术前消毒。当我走进手术室时，护士、技术人员、麻醉师、住院医生——当然，还有患者——都已就位。马克鼓励我近距离观察，以便看清他和他的团队是如何开展工作的。我听从了他的建议，走近高新医学技术的世界。我睁大眼睛，聚精会神地看着患者躺在手术台上。

接下来，我看到血流如注。

除了我，其他每一个人都泰然自若。患者血流不止，我渐渐感到头晕目眩、头重脚轻。就在我以为自己快要晕倒的时候，更糟糕的情况出现了——我闻到了一股恶臭。马克握着血淋淋的手术刀，转向我轻声说道：“呼吸，杰弗里，做几次深呼吸，然后坐下。你会没事的。”接着，一位护士给我倒了一杯凉水。慢慢地，血液回流至我的双臂和双腿。这次我直观地体验了“后英雄主义领导力”——一种类似管弦乐演奏的模式，马克在指导每一位“乐手”呈现最佳状态。我既激动又紧张，同时也备感荣幸，因为我能够实地观察到世界一流水准的医学“音乐家”们发挥他们的最高水平。和我在多年前观察过的一次手术类似，马克很显然也处在“阿尔法型”领导的位置。但这场手术的氛围有所不同，它不太在意等级，更加注重团队合作，强调互动，尊重手术室中每一位医护人员的禀赋和专业才能，给人一种耳目一新的感觉。马克如同演奏过程中的指挥家，其他的每一位护士、麻醉师、技术人员也都扮演着举足轻重的角色。

三个小时后，马克完成了两台手术。他快步路过产科病房去开会，我紧紧地跟着他。我问他，为何要绕道至产科，他回答说：“我时常在产科溜达，从窗户外看看新生儿，在某一瞬间去感受自己和奇迹般的新生命之间的关联。这样能帮助我放下手术室里的紧张感，慢下来，带着幽默感和感恩的心继续生活和工作。”

进入会议室时，马克完成了理论和实际层面的身份转换。他仔细查看电子表格，参与讨论预算，积极听取同事的意见并分享自己的观点。手术室中的等级不复存在，取而代之的是同事间的情谊。即使会议中出现了分歧，马克也能对他人的观点予以思索、保持关注。在从手术室到会议室的转场过程中，我见证了马克从指挥手术工作的“阿尔法型”领导者转变为自然状态下的“贝塔型”共识建立者。

会议结束后，我们在院子里和一位主治医生一起享用三明治。她刚满实习期，感到压力很大，手足无措，缺乏自信。我安静地坐在一旁，马克则对这位高度紧张的主治医生给予了忠告，提出了指导意见，并最终成功使她面带笑容地返回工作岗位。马克最重要的能力在于他能够与年轻的同事产生共情，并以鼓舞人心的方式与其沟通。这样一来，马克不再是高高在上、遥不可及的领导，而是富有感情、非常“接地气”的沟通对象。那天，我们还经历了许多大大小小的会议，也看望了患者及其家属，他始终怀着谦卑之心和幽默感，在权威人士、团队成员、培训师、家庭治疗师等多个角色之间灵活转换。看到马克如此游刃有余，我突然意识到，根据外部环境调整自身模式的能力是他成为一名成功领导者的关键所在。同一天之内，马克在同一地点呈现了“阿尔法型”和“贝塔型”两种领导力特质。这一发现开启了通往“敏捷领导力”模型的旅程，这一模型正是本书的重要支撑。但是，尽管马克才智过人，在他成为我的角色模型之前，我还有一些工作要做。

第一步，我重新查阅了我在过去数年间完成的培训案例。我培训过许多像马克这样的外科医生，还有各大银行、软件公司、制药公司、初创电商企业、非营利机构的高管，因此汇总了一个大型数据库，其中包含从资历深厚到初露锋芒的各类领导者的相关数据。很多问题反复出现——我的客户中即使不是大多数，也有许多人的性格需要改进。他们主要分为以下几大类：

- 颐指气使，缺少倾听。
- 过度依赖数据，工作中缺乏激情和灵感。
- 过于保守，没有表现足够的同理心、透明度和开放性。
- 过度依赖专家，缺乏团队协作。
- 过度监管（即我们常说的“微观管理”模式），对下属赋权不够。

- 过于复杂或者过于单一的团队结构——团队结构和工作目标之间缺乏联结。
- 一味追求成果，对创造和创新支持不足。

在这些案例中，绝大多数都涉及决策方式、沟通模式、高情商、真性情、协作性，以及/或者参与度。

第二步，我在我的同事中间开展了调查。我希望确认过去20年中我汇总的客户案例不是例外事件。我想了解其他的高管培训师在关注些什么，以及什么样的问题带有规律性。接下来，我开始钻研培训和领导力效能在过去的几十年中是如何演进的。我发现，科学证实了我在实践中观察到的基本前提：英雄主义的领导者已死。此处引用我的一位客户的话："杰弗里，在当今世界，白衣骑士身骑战马拯救世界的神话已经不多了。我觉得他们正在逐渐'被放逐田园'。"

在后英雄主义时代，成功的要素在于灵活度：灵活度使你不管拥有何种头衔或职位，不管有多位高权重，都能根据需要转变和调整风格，以此影响、鼓舞、激励他人。数以百计的研究发现，人们常说的真实领导力或转型领导力——也就是我所说的"后英雄主义领导力"或"贝塔型领导力"——建立在6个有关领导力灵活度的核心维度之上，这6个核心维度隶属于3个能力类别，对所有人都有效：

思维层面（思维方式的力量）

- 灵活度：关注点和风格皆可调节
- 意向性：用心沟通

情绪层面（个人感受的力量）

- 高情商：对情绪的管理和有效利用
- 真性情：将谦卑之心、脆弱性与斯多葛主义结合

身体层面（身体机能的力量）

- 协作性：用已验证的方式进行培训、指导和赋权
- 参与度：管理工作现场的能量，优化团队协作能力、创新能力和工作表现

作为哈佛医学院麦克林医院附属教练学院的领导团队成员，我给自己设立了目标：开展有益的研究，尽可能多地阅读基于证据的培训及领导力研究的内容。同时，我也是“蓝围裙”[①] 这类高

① 蓝围裙（Blue Apron），美国一家生鲜食材送货上门服务的供应商，每星期将一日三餐的所有新鲜食材按照食谱配送到客户家里。——译者注

增长公司和摩根士丹利这类传统大企业的培训师。一直以来，我非常关注易于理解、适合快速推广并能整合为适合客户——以及本书的读者，也就是你——实际应用的研究案例。这么说好像有点儿过了，但确实是真的：你可以成为自己的领导力培训师。

应用培训模式

培训的目的在于帮助客户改变——进而成长。一般情况下，当企业高管从得到的反馈中发现他对自己的认知和他人对他的认知不一致时，他便需要我为他提供相应的培训。我们都有盲点。讽刺的是，相较于失败，盲点通常和成功相伴相生。它通常是我们非常擅长、能有规律地去做或习以为常的事，也正是它帮助我们得到了提拔或认可。

如果你很善于处理细节，在老板提出问题时总能对解决之道信手拈来，那么你将很快成为“办公室专家”。一切都很顺利，直到有一天老板说：“我很欣赏你对每个问题都能发表 10 分钟意见的能力，但我发现你总是用高级管理的方式去深究细枝末节，这种方法并不总会奏效。你得学会开门见山、直奔主题，否则其他人可能会认为你不太适合高级职位。”看吧，盲点出现了。

每当客户和我谈到这里时，他们总会发出深深的叹息：“这个点恰恰是我认为自己做得最好的地方。至少到目前为止，其他人都是这么跟我说的。长期以来，我都以为自己是处理细节问题的能手，现在我感觉自己啰啰唆唆的，要与成功无缘了。”是的，这是给你的提醒。它被称为“领导力发展”，处于培训的核心地位——帮助你识别盲点，厘清强项，认清发展边界。哪些是你需要放手的？哪些是你需要继续拓展的？如何解决同时取悦下属和上级这一难题，又要避免成为一个讨好型的人？

培训是一个支撑结构（可以说是一面镜子或者一块回音板），可以使你毫无保留地直面自己。每一位优秀的培训师都会好好运用正在改变的习惯背后蕴藏的科学，以此帮助客户提升自我意识、认清目标、选择和付诸实践，以及追踪进度——当然，还有庆祝成功！对任何一类学习轨道的进度都需要进行积极的巩固和强化，你将对自己的成功备感自豪。

我们即将共同开启一段旅程，在此之前，需要大致了解几个自我培训的步骤：

1. **认清你希望改变的习惯或行为。**假设你收到反馈，说你有点儿独裁主义倾向，而你又希望成为一个更好的倾听者或者变得更加民主，即学着建立共识，不总是发号施令，那么是时候探索如何、何时、何地、为何开发这种模式了。你可能会开始为自己辩护：“我之所以直接下指令是因为这样更快捷！我倾向于快速决策是因为过多的思虑会拖累团队工作效率！”要特别当心这样的声音。我们的目的不是消除所有的瑕疵和不足，而是提升你对反馈的包容度。

2. **认清你的“触发点”。**所有习惯性的行为都要由某个“触发点”激活。有时候是重大时刻，比如你的老板要求你改变工作方向，比如节流省钱，但更多时候都是微不足道的小事。举个经典的例子：玛丽进入乔的办公室告知乔，她的一名下属和一位合作伙伴起了冲突。乔是一位好脾气但超级忙的领导，他正在忙着讲电话，几乎无暇从文件堆积如山的办公桌上抬头看一眼。他立马回答：“跟他们说，把这事儿解决了……”玛丽走出办公室，感到被拒绝之后的无助，乔因为不用直面这个问题而暂时松了口气——但很明显这个问题并没有真正得到解决。这就是我们的核心习惯带来的麻烦，而自我意识、适应性、养成积极的习惯则能改变这一切。
3. **认清你想要改变的目标及背后的动机。**我们都知道，如果你仅仅希望成为一个倾听者，变得更加富有同理心，或者仅仅想获得更多的睡眠，那你是很难实现目标的。这些想法来了又走，最后彻底消失在你的视野和脑海里。相关研究清晰地表明，动机——一种内在的“为什么”——是行动的关键。所以，在你行动之前，你要探寻你想做这件事的根本原因。你要清楚地认识到这种改变不仅将使你的老板、同事、配偶受益，还会使你本人受益。真正的动机——能让我们起得更早、吃得更好、走得更远的因素——来自我们的内心，它需要我们看清这么做到底有哪些益处。当我的客户乔被告知需要改变他的沟通方式时，他非常沮丧。但一旦摆脱沮丧情绪，他就会意识到他不光想要让老板开心（外在动机），也希望成为下属的培训师和榜样（内在动机）。他重新考量了自己与玛丽及其同事的交往。他能做出什么改变呢？他该如何转变方式，怀着同理心回答问题，为产生积极的结果铺平道路呢？

4. **从小事做起，从个性化的实践起步。**无数研究表明，基于规律行为的渐进式改变是成功的关键。真正的改变需要时间，需要从小事做起，需要培养不令你厌烦的习惯。事实上，如果你认为一项新的实践“对你有好处”，但基本上就是会浪费时间，那你将很快丧失对这件事的热情，而再次回到你熟悉和喜爱的旧有模式中。现在，是时候发掘你想做的事，并将其与良好的感受和积极的进步联系起来了。

5. **庆祝你的成功。**激励机制在人类和犬类身上发挥着类似的作用。我们通常从外在表现开始改变，比如用不同的方式主持一场会议，或者在沟通中加入一些新鲜元素，却没有多少人注意到这一点。在这一点上，培训师就显得尤为关键，因为他们的工作职责之一就是提醒你你取得的进步，并和你一起庆祝每一次小小的成功。但是，如果你能养成自我提醒的习惯，那就不用非得靠培训师提醒你了。它可以像为庆祝一场成功演讲的祝酒一样容易，也可以像你在一年之中首次去上一节瑜伽课一样简单。做到了，你就很棒。如果你能自己庆祝自己的成功，你就能坚持下去！

在下面的章节中，你将以内部视角观察到像你一样的领导者，了解他们的真实生活、艰难辛酸和成功的喜悦。我的目标是为你提供丰富多样的案例，其中不仅有知名公司的高管的案例，也有各个类型和年龄段的领导者的案例，在他们的努力下，其领导力正在自下而上、从中层向两端悄然发生变革。我分享了最新的科技进步及实用的培训技能，可以帮助你提升并拓展能力，解决盲点，学会在最重要的地方取得成功。我设计了“敏捷领导力”模型作为你的领导力加速器，帮助你学习本书内容。现在，请开启你的专业旅程，去拓展能力、增加影响力、提升生活满意度吧。不管你身在何处，这个模型都将助你成为一名成功的领导者。

第一章

准备工作：通往自我意识的旅程

“我就一天没到办公室，现在感觉整个世界都崩塌了。”芭芭拉强忍泪水，丝毫没有意识到自己已经加入了被我们称为“受压迫的领导”的群体。这类领导者的盲点容易导致团队在其暂时告假期间发生“温和暴动”。芭芭拉是一家医药研发公司的项目经理，她领导着一支由 8 位项目专员组成的团队，每人负责跟踪一个不同的临床试验。他们越过她，直接向她的上级——也就是研发主任——抱怨她的种种行为。他们说，在团队士气低落的时候，她会对反馈意见表现得不耐烦、爱挑剔，有时甚至过分严苛，大多数成员都因此感到沮丧和缺乏工作动力。

芭芭拉知道，如果有人要被解雇，那应该不会是那些对她愤愤不平的员工。她承认，在有压力的状态下，对于下属不成熟的工作表现和无法持续跟进工作进展的情况，她会时不时地大发雷霆。她非常清楚有比在走廊上朝着下属怒吼更好的工作方式，但她偶尔还是会情绪失控。

欢迎来到关于反馈意见的新天地。在“显微镜”下，芭芭拉在工作中遇到的这种情况并不少见。培养领导力是一段旅程，只有具备了一项我们终生追求的品质——自我意识，这段旅程才能朝正确的方向延伸。

在给纽约大学研究生讲授的领导力公开课上，我问道："你们有多少人觉得自己具备了自我意识？"这是开课第一天，有3/4的学生为了给老师留下深刻印象而举起了手。丹尼尔·戈尔曼[①]的《情商》（*Emotional Intelligence*）一书讲述了自我意识、自我管理、社会意识和关系管理的框架体系。用书中的框架介绍了情商的概念后，我问学生们，如果在反馈意见中接收到反对（或支持）的信息，他们该如何从中发现自己的禀赋、兴趣及偏好？他们是否清楚别人是怎么看待他们的？

这个提问使教室中出现了有趣的"能量转移"，学生们被戳中弱点，并开始思索。他们渐渐从过度自信转向自我消解。课程结束时，我再次提问："你们有多少人仍然觉得自己具备自我意识？"这次只有少数几个人举手。学生们已经明白一个严酷的事实：让自己具备自我意识是一个贯穿一生的漫长旅程，有两条道路交织其中——认识你自己、了解他人是如何看待你的。

最终，最高效的领导者能够探索出内外两种反馈途径，这两种途径使得他们如何认识自己和世界是如何看待他们的这两个部分更加紧密地联系在一起。当你知道了他人是如何看待你的，又明确知晓你自己应对挑战和机遇的典型反应时，你就更有可能感到踏实、

---

① 丹尼尔·戈尔曼（Daniel Goleman），哈佛大学心理学博士，美国《时代》杂志专栏作家。——译者注

稳妥，充满活力——这是助你成为灵活的领导者的坚实基础。

领导力灵活度自测

领导力灵活度自测将帮助你发掘自我成长的起点。我们将共同探索以下6个领域，在此之前，请花几分钟阅读这6个领域中的问题。然后回到这里，在每个问题上标注出你在“阿尔法型”和“贝塔型”区间内的合理程度，判断自己是英雄主义还是后英雄主义（不用想太多，此处没有对错之分）。

灵活度

（1）做决策的时候，你倾向于首先宣告你的（领导）地位，还是愿意和同事们一起探讨可行性方案然后投票？

（2）你认为自己善于同时处理多项工作，还是倾向于同一时间专注于一件事？

（3）在团队中，你倾向于重视自己的观点，还是更喜欢将大家的观点和资讯汇集起来？

强调权威	☐	☐	☐	☐	☐	☐	☐	☐	寻求共识
身兼数职	☐	☐	☐	☐	☐	☐	☐	☐	重点突出
自我主张	☐	☐	☐	☐	☐	☐	☐	☐	集思广益

意向性

（1）你对未来的愿景是基于事实和数据的，还是你更喜欢讲述现实的故事，从“什么是这样的”转向“什么是可能的”？

（2）你是通过证据和分析来激励自己，还是倾向于通过情绪联结彼此，用充满雄心壮志的交流来达到激励的目的？

（3）当声明自己的意图时，你更喜欢概述目标，还是更喜欢分享支撑你实现目标的意义、目的和价值？

基于事实	□	□	□	□	□	□	□	□	基于口述
理性分析	□	□	□	□	□	□	□	□	豪言壮语
偏重策略的“是什么”	□	□	□	□	□	□	□	□	偏重意义的“为什么”

高情商

（1）你倾向于尽可能使情绪不受工作环境的影响，专注于数据、事实和证据吗？还是你非常关注自身感受，凭直觉和本能来工作？

（2）你不太受情绪影响，专注于决策的理性层面，还是注重认识自我感知的需求，并与他人的感知相结合？

（3）你是倾向于控制情绪，还是说在工作中将情绪表达出来会使你更加自在？

基于数据	□	□	□	□	□	□	□	□	基于直觉
理性判断	□	□	□	□	□	□	□	□	移情作用
控制情绪	□	□	□	□	□	□	□	□	善于表达

真性情

（1）你认为自己是胸有成竹、自信满满的，还是低调谦逊、诚挚虚心的？

（2）你倾向于保留个人感受，还是愿意将你的价值观、信仰、个人喜好分享给大家？

（3）你倾向于处在强势地位施展领导才能，释放你的能力和自信，还是愿意让同事们感受到你的人情味，看到你的软肋？

胸有成竹	□	□	□	□	□	□	□	□	低调谦逊
自我保留	□	□	□	□	□	□	□	□	开放分享
强者恒强	□	□	□	□	□	□	□	□	适当示弱

协作性

（1）你希望在团队中更加独立，还是重视与他人合作，共同做出决定并推动项目进程？

（2）你是喜欢发号施令——给他人指明方向、制定目标，还是倾向于向同事和下属充分赋权，使他们明白如何提升自己？

（3）你是喜欢基于自身的经验直接建议他人如何做以表现得更好，还是更喜欢参与指导他人，帮助他们在你的支持下找到适合自己的方式？

独立自主	□	□	□	□	□	□	□	□	互帮互助
发号施令	□	□	□	□	□	□	□	□	充分赋权
直接建议	□	□	□	□	□	□	□	□	给予指导

参与度

（1）你更看重工作结果，还是更希望用一种灵活的方式培育新的想法和创意？

（2）你是一位强调组织结构、遵守工作纪律的领导者，还是倾向于“顺其自然”，接受工作中的不确定因素和更加灵活的工作环境？

（3）你是一位精力充沛的执行者，不断推动自己和他人的工作进展，还是喜欢更加轻松的工作环境，以便有时间休息和思考？

工作成果	□	□	□	□	□	□	□	□	创新创意
注意纪律	□	□	□	□	□	□	□	□	更加灵活
精力充沛	□	□	□	□	□	□	□	□	能好均衡

接下来你需要一些勇气：将测试结果分享给几位同事。请他们思考上面的问题并在相应的方框内打钩，并且请他们想一想，他们是怎样看待你在上述领域中所处的位置的。提醒他们，你并非要将自己划分到某个明确的类别中，答案也无所谓好坏。将你最初的想法和他们的想法做对比，看看哪些地方相似，哪些地方不同。找出其中的关联和区别，在关联和区别之间寻求自我探索和自我成长的机遇。

从意识到行动

你是否发现上文的问题中体现了自己的某些特质呢？有多少同事给了你相似的反馈？在上百位领导者身上使用了这套测试后，我发现他们最常见的反应是“我很少思考我是如何领导的，我就只管去做”。当然，这种情况很正常。但是，反思和反馈带来的益处会立竿见影地发挥效用。当你意识到自身行为的自然底线时，新的可能性就会出现。

安德鲁擅长分析，朝气蓬勃，善于创新，充满激情。他是一家电子商务初创企业的联合创始人，引领这家企业挺过了创立初期的混乱局面，在公司准备首次公开募股之时仍然操持着大局。在早些时候，当企业的生存都成问题时，他的一些习惯，包括过度自信、发号施令、缺乏耐心、行动过快、向员工灌输紧迫感等，是助其成功的秘诀。公司创立两年之后，我见到了他。当时，他的员工都处在崩溃边缘。似乎一夜之间，和以前一样的权威命令的工作方式成了一种不利因素。安德鲁需要灵活变通。这并不是要求他完完全全转变成平等共享、善于协作或者心思细腻的领导者，但他仍然需要采取一些“贝塔型”的行为方式。否则，公司核心员工的忠诚度、支持性和勤勉状态很可能将难以为继。

一开始，安德鲁只是希望他的下属能够接受我的测试，公平起见，他答应他也提交一份测试结果。他找了他的直系下属、部分其他同事，甚至他的妻子来填写对他的评价。当我和他一起翻阅这些测试结果时，我发现他从各个方面都被测为强势的“阿尔法型”领导者，而他倒并没有对此表现得不愉快或者惊讶。然而，他也必须承认，白纸黑字的数据显示许多人都认为他特别喜欢支使他人，且不怎么喜欢发问。很显然，尽管有着好奇的天性，但因为急于求成，他早已丧失了倾听的习惯。

我知道安德鲁头脑精明、善于分析——他很尊重数据，所以我向他分享了一项尖端研究，并提出了建议，希望他能考虑培养一些新的习惯。我先向他展示了哈佛大学、杜克大学富科商学院及其他一些领导力咨询机构开展的调查，调查主要针对高层领导最受尊敬的特质。这一结果对安德鲁来说既是一种安慰，也是一次提醒。排名靠前的特质如下：具备全局视野（安德鲁毋庸置疑具备该特质），善于运用鼓舞人心的沟通方式（必要的时候他也可以做到），能建立有凝聚力的团队（他在这一点上略显不足，但这依然可以被视作他的强项），以及能够耐心倾听和营造包容创新的企业文化。“好吧，五局三胜也不算太差。”他开玩笑道。但是他抓住了问题的关键：善于倾听和关注企业文化的高管最终获得了成功。如何更好地与员工互动？我向安德鲁提了如下建议：

1. 多问一些开放式的问题，而非“非此即彼”的问题，否则容易终结聊天；花点儿时间——即使只是一个小小的停顿——听完他人的讲话。
2. 注意代词的使用，多用“我们”和“我们的”，少用以“我”或者“我的”为开头的申明性语言，否则可能会将自己置于高高在上的境地，导致和团队成员的疏离。
3. 如果预约的会面时间到了，建议你走出办公室，在一个相对中立的空间里与他人见面。用 5~10 分钟聆听——“纯”聆听。人们需要时间和空间，如果你想知道这笔生意的进展如何，你必须为双方创造空间。当你打电话叫员工进入你的办公室，要求其介绍最新项目进展时，你的员工会遵从——而且他们可以在 5 分钟之内迅速学会向你汇报你最想听的内容。

像其他许多领导者一样，安德鲁倾向于使用“我”。在发送指示、指令和展现个人能力时，这一点尤为重要。当了解到“关注代词的使用”这么简单的建议时，他非常惊讶。这无关对错，但行之有效。我鼓励他“委任”一位密友向他定期反馈他在团队讨论中用了多少次“我们”、多少次“我”。

当安德鲁培养了两个简单的习惯——提出开放式的问题并在提问后留出倾听的时间，在与团队交流时多用“我们”时，公司上下的氛围开始转变。他赢得了更加包容和以团队为核心的美誉。他公司的联合创始人甚至有一天拦住我悄悄问道：“杰弗里，你对安德鲁做了什么？他现在看起来放松多了。昨天他和我们开了一个小时的会，全程都没有发飙，没有看手机，没有不耐烦，也没有翻白眼。”我说我一点儿也不意外：“安德鲁有非常棒的领导力天赋。他要做的只是释放潜能，这也是我们大多数人都需要做的。”

思维型、情绪型和身体型的领导者

哥本哈根大学针对领导者影响下级的方式开展了研究工作。结果表明，非语言性的交流比谈话更能产生积极或消极的结果。研究人员将仿生学传感器置于处在模拟环境下的领导者身上，以便记录他们在接受反馈意见时做出的不同身体姿势——如倚靠、抱臂、将目光移开或者直视下属——如何影响他们的同事。结果证明，他们在非语言层面与同事的交流方式导致了完全不同的接受程度。领导者的身体语言如果更加开放、放松、连贯——包括眼神交流、微笑，甚至是在恰当时刻的轻轻触碰——会带来更加积极的效果。下属们甚至报告说，肢体动作反映了自身想法的领导们更善于给予反馈意见。

很明显，你接触他人的肢体语言会影响他们和你的交流、对你的信任度和倾听的意愿，但要把这时时牢记在心并不容易。我们如果希望引起某人的注意，那么可以试着给他创造一种安全感，不仅用语言去交流，身体姿势、眼神接触、面部表情也都很重要。在充满压力的环境下，有些人会静静地坐着，陷入沉思，双手抱臂，频频点头；另外一些人可以说是应对自如，他们会站起来四处走动，活动身体。科学表明，领导力在肢体动作层面的表现至关重要。不管你的语言和感觉有多善意，你的肢体动作仍会帮助提升你被倾听的概率——也可能使你“与世隔绝”。

一家高增长的网络时尚商品初创企业的首席执行官找到我，希望我能够帮助他和他的两位联合创始人召开一次两个小时的集体讨论会。虽然这家企业各方面都做得很好，但收益却不尽如人意。首席执行官担心，高层需要出面平息各种谣言，强调积极的长远前景，否则经济下行的压力将会对整个公司的士气产生负面影响。这次讨论会非常紧张，让人筋疲力尽，他们三人的风格迥然不同——一位善于思考，一位情绪丰富，一位善于行动。

首席执行官是一位完美的思考者，他希望召开全员会议，做一次配有幻灯片的陈述，用幻灯片中展示的数据说明经济下行只是通往成功路上的小小波澜。情绪更加丰富的首席运营官同意召开全员会议，但比起以数据支撑的陈述，他主张举办一次对话形式的开放论坛，用他的原话来说就是“给大家一个发泄的机会，会让我们都感觉好一点儿”。最后，善用肢体语言的首席技术官建议将全体员工带到野外，组织一次集体漂流或露营。他说，每个人都烦透了枯燥的数据展示，公司也不需要办一场所谓的“昆巴亚拥抱节”（Kumbaya hug fest）。让大家走出办公室，通过做一些有活力的、有趣的事情使每个人卸下工作中的焦躁情绪，这对提升士气很有帮助。

最终，他们决定先召开全体大会，向员工们展示相关数据，力证经济环境即将得到改善，接下来举办一场开放论坛，最后在周五组织大家到户外吃烧烤、打棒球。这可能是一个极端案例，但是从中你可以看到一位领导者的自然倾向通常会导致其做出具有重大影响力的行为。你是否还能看出这些方法中的任何一种是否奏效——当然，这取决于下属们的反应——或者这些方法是否会带来极为负面的影响？这三位高管做到了面面俱到，但通常情况下我们没有足够的时间去尝试各种方法，这也就是领导者需要认识自身缺陷的重要原因。同时，另一个关键点是，牢牢记住在解决下属或同事提出的需求时，你可能需要调整、修改，甚至控制你的自然反应。

布拉德就是上文提到的那位性格外向、精力旺盛的首席技术官，他做了下面的领导力精力自测后，发现自己是身体型领导者。对他而言，这是一种启发。他总认为自己是极客[①]工程师，却从未注意过自己在高压状态下倾向于行动。他以为自己面对思维型同事时最大的问题是不耐烦，丝毫没有意识到他对高耗能活动的热爱是他和团队的创造力的关键来源。像他这样高负荷工作的工程师，将大家聚集起来共同参与活力四射的活动是保持其灵活头脑的关键。

对布拉德来说，还有一点很重要，那就是他认识到自己需要时不时慢下来，思考自己的决策和沟通方式，这两点都要求拥有一种专注的思维方式。伟大的激励者们知道如何退一步去解读他们的受众——不是每个人都希望通过到户外去打一场排球或者在吵闹中做出重大决定。有些人比较欣赏决策型的管理模式，另外一部分人则倾向于参与决策，或者更容易被深思熟虑后得出的数据或精心制作的方案打动。要明白如何调整模式去适应群体动力，需要有灵活度并进行清晰的、带有意向性的交流（这些内容都将在后面两章讲到），它们是核心领导者天生具备的能力。布拉德最终也掌握了这些方法，但首先他得认清自己的习惯（包括优势和局限性），也得愿意进行相应的调整。

请花几分钟做做下面的测试，它将帮你确定你今后的主要精力将集中在哪些领域。

---

① 极客是美国俚语“geek”的音译，含有智力超群和努力的语意，又被形容对计算机和网络技术有极大兴趣并花大量时间钻研的人。——编者注

领导力精力自测

仔细阅读下面的每一条，对你平常的想法、感受和行事方式进行反思。在符合的陈述后的“是”前打钩，在不符合的陈述后的“否”前打钩。这项测评的结果无所谓对错。完成后，统计一下有多少个“是”，用这个数字除以30，就可以得出一个百分比。

思维型：思想者

1. 喜欢对事物进行条分缕析 □是□否
2. 喜欢理性的对话 □是□否
3. 喜欢依据假设、框架、模型进行思考 □是□否
4. 根据逻辑和分析做出决定 □是□否
5. 尊重合乎逻辑的论证 □是□否
6. 将感觉表达为想法 □是□否
7. 喜欢事实和数据 □是□否
8. 喜欢研究和钻研 □是□否
9. 喜欢阅读非虚构类文学作品 □是□否
10. 尊重理性的严谨性和辩论 □是□否
11. 运用逻辑思维表达情绪 □是□否
12. 在生活中重视思维的运用 □是□否
13. 愿景和幻想源自经验 □是□否

14. 喜欢集思广益 □是□否

15. 喜欢解决问题 □是□否

16. 喜欢分析观点 □是□否

17. 总是希望获取更多信息 □是□否

18. 喜欢使用先进技术、计算机、小工具 □是□否

19. 写作具有条理性和思想性 □是□否

20. 喜欢政治话术 □是□否

21. 喜欢反思和哲学探讨 □是□否

22. 在工作规划过程中可能出现拖延 □是□否

23. 将恐惧表达为沮丧和无聊 □是□否

24. 先思考，后行动 □是□否

25. 座右铭：让我想想 □是□否

26. 可能陷入大量数据之中 □是□否

27. 恐惧状态下：呆住后或战或逃[①] □是□否

28. 相比夜里做梦，更爱做白日梦 □是否□

29. 将见解和直觉体现在语言、思维和想法中 □是□否

30. 很难完成使内心平静这一“冥想挑战” □是□否

答案为“是”的问题总数：______

答案为“是”的问题所占比重（总数除以30，再乘以100）：______

---

① 生理学和心理学上将生物在面对威胁时的应激反应机制分为fight、flight、freeze三种，字面意思分别为战斗、逃跑、呆住。fight是指情绪激动，正面发生冲突；flight是指瑟缩、逃避；freeze是指呆住、无法动弹。——译者注

情绪型：感知者

1. 直接表达感受 □是□否
2. 随心所欲地做决定 □是□否
3. 觉得图片比文字更有吸引力 □是□否
4. 比起科学事实，更喜欢主观现实 □是□否
5. 带着同理心表达感受 □是□否
6. 将关系看得比观念更重要 □是□否
7. 比起事，对人更感兴趣，更希望与人打交道 □是□否
8. 有时候表现得过于活泼和夸张 □是□否
9. 依靠激情而非逻辑进行辩论 □是□否
10. 关注他人的痛苦 □是□否
11. 偶尔有罪恶感或会自我怀疑 □是□否
12. 难以保持个人界限 □是□否
13. 夜间易做生动多彩的梦 □是□否
14. 喜欢阅读小说和 / 或诗歌 □是□否
15. 相比安静的环境，更喜欢听音乐 □是□否
16. 可能过多沉溺于情绪中 □是□否
17. 拖延常常变成一场闹剧 □是□否
18. 比起运动，更喜欢艺术 □是□否
19. 写作时善用比喻 □是□否
20. 喜欢听故事 □是□否

21. 蔑视逻辑 □是□否

22. 在生活中以情绪为中心 □是□否

23. 用愤怒和伤心来表达恐惧 □是□否

24. 有时感到不知所措 □是□否

25. 热爱自然 □是□否

26. 恐惧状态下：逃跑而非战斗 □是□否

27. 需要大量的休息/睡眠时间 □是□否

28. 以图片的形式呈现想法 □是□否

29. 有时候表现得瞻前顾后、优柔寡断 □是□否

30. 很难完成不被情绪带着走这一“冥想挑战” □是□否

答案为“是”的问题总数：______

答案为“是”的问题所占比重（总数除以30，再乘以100）：______

身体型：实干者

1. 认为实践胜过理论 □是□否

2. 喜欢边走边聊 □是□否

3. 很少阅读或写作 □是□否

4. 以结果为导向；对拖延现象感到不耐烦 □是□否

5. 务实 □是□否

6. 需要设立具体目标 □是□否

7. 欣赏身兼数职的能力 □是□否

8. 不爱冥想，更喜欢运动 □是□否

9. 喜欢创造或拆卸某物 □是□否

10. 生活可能被各项活动占据 □是□否

11. 喜欢体育运动 □是□否

12. 喜欢集体活动，会避免单独行动 □是□否

13. 通过远足、徒步、探索等方式享受自然 □是□否

14. 尊重体能和力量 □是□否

15. 用“短平快”的方式进行交流 □是□否

16. 关注逻辑关系和活动项目 □是□否

17. 比起听音乐，更喜欢创作音乐 □是□否

18. 喜欢观看体育赛事 □是□否

19. 喜欢富有活力和创造性的兴趣爱好，
比如烹饪、陶艺、织毛衣 □是□否

20. 喜欢竞争 □是□否

21. 恐惧状态下：战斗而非逃跑 □是□否

22. 容易忽略身体的小毛病 □是□否

23. 喜欢实干 □是□否

24. 反应敏捷、咄咄逼人 □是□否

25. 经常运动 □是□否

26. 通过超负荷工作和焦虑来表达恐惧 □是□否

27. 对情绪上的低迷不屑一顾 □是□否

28. 可能睡眠不足 □是□否

29. 根据核心内容获得直觉感知：尊重本能反应 □是□否

30. 很难完成静静地坐着这一“冥想挑战” □是□否

答案为“是”的问题总数：______

答案为“是”的问题所占比重（总数除以30，再乘以100）：______

施展领导才能的方式没有好坏之分，我们的每个行动都可能由思维、情绪、身体这三个部分组成。数一数你的答案中有多少个“是”，将这个数字除以30，再乘以100，你就能发现哪一项是你的短板。有可能你在这三个领域的得分较为均衡，但我们大多数人都会有一个相对侧重的领域。了解这三个领域之间的关系，有助于提升特别是在高压环境下应对挑战的自我意识。如此一来，你便能释放自我，思考你的各种选择，认识到他人的做法与你的有何不同，并走出舒适区。

第一部分

思维领导力：思维方式的力量

第二章
领导力思维方式

我看到乌里时，他正独自坐在一间黑黢黢的办公室里。他所在的这座摩天大楼，个人办公室都在中间，外围是格子间。他的办公室没有窗户，取而代之的是数面落地玻璃，从落地玻璃望出去，可以看到他的团队工作的格子间。同事们时不时从玻璃墙外路过，用不屑的眼神看着我们，这使得乌里有些局促不安。我立刻感受到这间办公室里的低气压。我不知道乌里独自坐了多久，尽管我迟到了几分钟，他还是耐心地坐着等我。但我看他汗如雨下，眉头紧锁，已经长出皱纹的前额上挂满汗珠。

乌里沉默寡言、闷闷不乐，很显然，他对自己即将有一名领导力培训师这件事感到沮丧。虽然他的外在表现是滴汗如雨，内心却焦躁似火。我有些担心我和他这次的合作会以失败告终。我还了解到，他的下属——大部分就坐在落地玻璃外离我们不远的地方——对他的反馈评价不甚乐观。不过，他的老板跟我说，他仍然支持乌里，并相信他能够做出改变。

30 岁出头时，乌里以软件工程师的身份经由以色列和德国来到美国。两年前，他将自己的小家庭搬到了纽约，他的事业很快就有了较大的起色。他在技术工作的方方面面都堪称出色。但是，他的工作风格——过于武断、野心勃勃、事业心重、说话直接——将他自己孤立了起来，以至于有三位同事都要求他离开这个部门。他们说他太强势、不耐烦、控制欲强、专横傲慢。我知道，只要有正确的思维方式，才华横溢的人就能结合反馈意见，形成一种感知能力更强的领导风格。

但三次会面过后，我开始担心我和乌里定期在傍晚进行的会面太过白热化。他转变了态度，坚决否认他对团队低落的士气负有责任。他连篇累牍地吐槽他的团队成员有多懒惰、多无能、爱抱怨又不成熟，如果他是公司负责人，他就会招聘“对的人”，淘汰这些失败的员工。对于认真反思上级的反馈意见这件事，他极为抵触；对自己觉察到的任何批评背后的行政动机，他总能迅速找到借口。

我清楚地意识到，如果他根本不信任自己的团队，那么收集他人对他的反馈意见就完全是在浪费时间，甚至可能导致发生潜在的灾难。因此，仅仅带着帮助他反思个人风格的目的，我请他填写了领导力灵活度自测表（参见第一章）。对乌里而言，这个理由听上去相对合理；对我而言，这是一个小小的突破。

一周后，在我与乌里的定期会面中，我首先问他对培训的感觉如何。这位自信、专断，甚至有点儿傲慢的“前任军官”突然泪眼婆娑。这种惊人的脆弱时刻让我起了一身鸡皮疙瘩。“怎么了？”我问道，“你好像有点儿郁闷。”

乌里迟疑地向我解释，前一天晚餐时，他随意将自测表给了他妻子。随后，他无意中听到10岁的儿子问妈妈在看什么。妻子告诉儿子，她在协助爸爸参与一项工作上的培训计划。儿子问道："这个会让老爸的脾气变好点儿吗？"

妻子回答："嗯……我不确定他的脾气是否会变好一点儿，但这个培训可能会让他成为一个更好的领导。他希望得到提拔。"

儿子悄悄说："也难怪他需要这种培训。老爸的脾气不是很好，他老是到处指挥，让我没好日子过，也不够支持我，还总是看什么都不顺眼。所以，他在工作上需要这方面的帮助，我一点儿都不觉得奇怪。"

听到这番言论，乌里吓呆了。他从来没有想过自己与孩子相处的模式会和他的工作方式产生关联。他后来问了妻子的想法，她回答说："是的，你对孩子的确是太严格了点儿。有很多次，小儿子都哭着跑来找我，说你又没耐心了，又吼他了。你总是能让他们感受到你的失望。有时候他们真是怕了你了。"

我能感觉到，乌里的灵魂深处有某种东西在发生转变。此前在我和他之间被踢了几圈皮球的反馈意见终于击中了他的要害。一个10岁小男孩对父亲的惧怕发挥了警告的功能，使乌里终于开始倾听。尽管他脸上表露的发自内心的懊悔很快被一种轻快的神情取代，但我相信这次他一定和以往有所不同了。当你准备好用心倾听反馈意见时，它将释放无穷的能量。

接下来的几个月，我们的进展非常迅速。乌里很快懂得：即使自信坚定、聪慧过人、善于分析、勤勉努力、高标准严要求等都是值得尊敬的优良品质，但它们仍然需要与耐心倾听、对他人的敏感度及同理心进行互补。当他对自己及对我的信任达到更深层次时，他提到自己以前也一直“很爱”下属。乌里称自己非常敏感，也很会关心他人，但他总觉得从某种意义来说，表现得温和或富有同情心就等同于软弱。当然，这纯属假话。他这种易怒的性格是他成长过程中的一大阻碍。

乌里当时在朝着公司高级副总裁的职位努力，他经常请我——用他的话来说——“测试他的思维方式”。正是这样的经历塑造了我对领导力培训师这份职业的热爱。更重要的是，我坚信我们每个人都可以在某一瞬间突然警醒，转变我们的视角，向反馈意见施予我们的赠礼敞开胸怀。

当我们在探索如何有效地领导当今这个杂乱无序的世界时，我想和大家分享三个基于科学、值得信赖的理论支撑，即便你在犹豫、挣扎，或是发现自己被淹没在诸多的变化之中，它们也仍然适用：重构反馈意见；积极心理学的帕尔马模型；培养成长型思维方式。

与其反馈，不如前馈

典型情况下，反馈类似于请同事们基于过往经验汇报他们与客户的交流情况。世界知名领导力培训师马歇尔·戈德史密斯建议我们采用被他称为“前馈”的方式。前馈将责任模式从请他人评价你的短板转变为让你自己反思自己希望改变或提升的方面。在接收反馈之前，如果你能想想如何拓展你的优势领域，那么你就已经步入了自我提升的正轨。

首先，想想有哪件事是你希望能做得更好，或者有哪件事是你觉得别人做得特别好，而你自己非常希望效仿的。其次，询问一位你信任的人：“我该如何在这个领域取得进步？”不要就你过去的那些或成功或失败的案例进行提问，而要将你的重心放在未来的改变上。马歇尔建议，如果你想改变在会议上的表现，那就找一位见过你在会议上发言的同事，问问他：“我在哪个方面能有所改变呢？”然后询问他是否愿意支持你，观察你的言行并提出明确的建议。或者，你可以找一个在这方面非常优秀的榜样，向他讨教。同时，始终采用被我称为“庆祝策略”的方法，花点儿时间去发现自己朝着领导力迈进的每一个微小进步。持续向你信任的朋友寻求前馈，让他们告诉你哪些做法是有效的，不管它们有多么不起眼，再用各种方式庆祝你的进步。

神经科学表明，接收反馈意见令人气馁的一个原因是我们的大脑中有一种模式，它非常警惕贬低自我意识的信息输入。几千年前，人类生活在蛮荒世界中，任何一个角落都潜伏着威胁生命的捕食者。经过数千年的演变，大脑已能精准地捕捉任何威胁到自身安全的信号。在当今时代——这种情形更容易发生在会议室里而非热带草原上——它能引发我们“战斗还是逃跑”的反应。[1]

积极心理学的帕尔马模型

针对在消极的前景中一筹莫展的客户，我采用的是第二种框架模式，这种模式来自宾夕法尼亚大学心理学家马丁·塞利格曼及其同事的多项研究。这些研究都围绕“人类凭何繁荣”及类似的主题展开。研究结果充分证明，将精力放在管用的事物上比放在不管用的事物上更能改变我们的思维方式，并让我们成长。这类研究产生了由人类行为的五个核心要素构成的框架，这五个核心要素对我们的心理健康至关重要。将每个要素与你的思维结合起来，你就会更加容易以一种乐观、快乐、富有意义的方式生活、工作、领导他人。

- **积极情绪**：感受积极情绪——敬畏、喜悦、感激、爱及其他类似的情绪——与人类的蓬勃发展密切相关。关注积极因素，不过分耽于消极因素，有助于我们从一个更加宽广和积极的视角审视过去、现在和未来。它也能鼓励我们变得更加富有创意，更加充满好奇，更愿意尝试新鲜事物。甚至当生活中有疾病、意外、经济衰退等负面事件发生时，将关注点转移至积极的事物上能够使我们更快脱离可能导致抑郁情绪的恶性循环。[2]
- **参与度**：研究表明，不管是弹奏乐器、解决问题，还是参与一个项目，在深度参与的时刻，人们似乎感觉时间暂停或者放缓了，一种被心理学家米哈里·希斯赞特米哈伊（Mihaly Csikszentmihalyi）称为“心流”的愉悦之感——一种强烈的专注感产生了。这种愉悦的状态在传统意义上被视为天才的标志或神迹的力量。现在，我们知道这二者皆有。我们也知道，我们任何一个平凡之辈（都带有一点儿天分）都可以达到“心流”的状态，只要我们花点儿时间去发现我们喜欢做的事，并对其灌注心血。当你专注于你最感兴趣的事物，服从内心深处的好奇之心时，工作就变成了玩耍——你会带着快乐、愉悦和目标感开展工作。在你的生命中为“心流”找到一席之地，是塑造自我意识和自信的关键所在，它能帮助你施展才华、技能和情绪能力。

- **人际关系：**作为“社会动物”，人类因强烈的情绪和身体交互而发展繁荣。[3]与你的父母、兄弟姐妹、同龄人和朋友建立积极的联系非常重要，而由于我们会把一生中的大部分时间用在工作上，所以这个道理同样适用于工作关系。我们都知道，与同事的关系不好，甚至和他们发生冲突，那种感觉有多么糟心。事实上，研究表明，工作关系会直接影响我们的经济保障，故而比家庭生活对我们的发展更为关键。我培训的领导者们通常都被工作关系的事务性特质羁绊，忽略了友谊和归属感的价值。他们这样做会将自己置于危险的境地。

- **意义**：研究表明，在生活中具有目标感和意义感的人会更加健康、快乐。在当今世界，快乐和财富通常被包装为成功的秘钥。我们大多数人都明白，虽然物质上的成功能够带来暂时的安全感，真正的成就感还是源自内心深处。这就是为什么尽管我相信每个人都能成为高效的领导者，但那些花时间思考为什么他们想领导他人，在情绪层面探索成为领导者对他们来说意味着什么，而不是单纯考虑击败竞争对手或一味追求升职加薪的人更容易成功。那些将远大理想与比自身更重要的动因结合起来的人——听上去可能有些老套，但就是那些希望有所作为的人——更易于开展自我培训，并对来自他人的培训保持开放的心态，以此培养自己百折不挠、坚忍不拔的品质，去克服前进途中的所有困难。
- **成就感**：我有一些客户在面对全新的经历（比如开始一份新工作、在一个项目上冒险或者开展一项新业务）时会丧失安全感，常见的原因是他们迅速忽略、拒绝或者遗忘了过去的成就。有关高级成功人士的研究表明，他们保持积极进取的秘诀在于对自己取得的成就保有清醒的认识和感恩的心态。当工作变得棘手时，能够反思我们取得的成功将会产生有益的、激励性的效果，并帮助我们克服前进道路上的困难。[4]

内在动机是一套非常有趣甚至自相矛盾的机制，我们大脑的某些部分的功能被设定为寻求平衡、拒绝改变——目的在于使我们感到安全、舒适，但大脑的其他部分发挥着截然不同的功能：探寻新鲜事物，参与竞争，鼓励我们去冒险、奋斗、成长。如果你的初始关注点一直在已经受损的或者不管用的事物上，那么改变就很难发生。这就是领导力灵活度自测表不会把“阿尔法型”或“贝塔型”单纯地归为好或不好的主要原因之一，因为基于当下的环境，任何一种类型都可能是有效的领导力模式。正如我在前文中提到的，职场环境可能会演化为接纳更多的“贝塔型”领导，但这并不会否定“阿尔法型”领导才能的重要性。职场只是提升了包容度，将这两种领导力都包含了进来。

培养成长型思维方式

我第一次见到泽维尔时，他是一家大公司的高级猎头顾问，在他的客户中享有盛誉。当时他才三十出头，从法国一所顶尖大学拿到高级商学学位后，他设定的奋斗目标已基本实现，但他感到非常痛苦。原因在于，泽维尔一直想成为一名艺术家。

泽维尔热爱抽象画、素描画和多维艺术，他将业余时间都用在了艺术创作上，以此来维系自己的梦想。他的公寓里到处都是他的绘画、雕塑作品，还有未完成的大幅油画。他聘请我时，虽然我们表面上约定的是我帮助他晋升为合伙人，但我知道从一开始他的心思就不在这个点上。即使公寓里堆满了他的艺术作品，他也仍然坚持认为自己不是艺术家。

我还记得我问泽维尔："你把业余时间都用于艺术创作，为何还是觉得自己不是艺术家呢？"

他回答道："杰弗里，我知道自己有艺术天赋，也热爱艺术。但我不是一个真正的艺术家，我永远不可能以艺术为生。所以我将永远只是艺术的门外汉。"

泽维尔这类客户受困于负面或受限的自我概念，我用在他们身上的最后一个框架模式源自斯坦福大学心理学家、研究员卡罗尔·德韦克（Carol Dweck）的启发。通过研究"固定型思维方式"和"成长型思维方式"的区别，她撰写了赫赫有名的《看见成长的自己》（*Mindset*，又译为《终身成长》）一书。经过多年对课堂环境和幼儿教学法的研究，她总结得出，更容易取得成功的孩子呈现的是成长型思维方式。具备这种思维方式的孩子能够从错误中学习，在面临挫折时仍积极向上，也保持着一以贯之的进取心。而采用固定型思维方式的孩子，即便智商测试和才能测试都表明他们极具潜力，但他们在面对错误或者小挫折的时候都容易陷入其中，失去动力，变得消沉。

仅仅通过表扬或者告诉孩子他天赋过人，并不足以培养他们的成长型思维方式。事实上，这可能会适得其反。一般来说，被称赞"聪明"的孩子都会以为学习是件很简单的事。当遇到难题时，他们就会显得力有不逮。另外，在给予反馈意见的时候，不要只关心孩子们“是谁”，而要更多地关注他们是如何学习进步的，这能够帮助他们更好地培养自我认知：他们会认识到自己有足够的能力，但又不至于过分自信。[5]

如果我告诉泽维尔，从我的观察来看他已经是一位艺术家了，这是没有任何作用的。他的思维方式不只是固化了，而且简直堪称根深蒂固。他坚定不移地认为，“真正的”艺术家都会把作品放在画廊展出，并以艺术创作为生。我的任务不是用几句话就将他从定式思维中拉出来，而是转变他的定式思维，帮助他用“兼而有之”的视角取代“非此即彼”的内心对话，即他到底是不是一位艺术家。

“不要太担心你到底是不是一位艺术家这件事，”我告诉他，“继续在你的爱好上付出更多的时间——把做一些艺术项目列入日程表，跟你的同事分享你对艺术和自己作品的喜爱，带几幅绘画作品到办公室来。”泽维尔的思维方式缓慢地发生了转变。他请同事观赏他的部分画作，但还是声称这只是他的业余爱好。我并没有试图立即建立他在这件事上的自尊，或者试图劝说他相信自己富有艺术天赋。相反，我让他将精力用在他喜欢的、能带来意义和目标的事物上：创作艺术作品。

很快，他在一次定期会面中展露了成就感：有一位同事不仅买了他的一幅画，还提议在他们办公室的大厅举办一次画展！“哎呀！”他对我说，他因为兴奋还有些脸红，“我想我算是正式作为艺术家‘出道’了。”他迅速开始建立相应的关系网，并在全世界展出自己的艺术作品——这使得他有了公众曝光度，并最终为他带来了大量收益。一路走来，尽管他仍在纠结自己到底算不算真正的艺术家，但他最后学会了跟随自己的内心并付诸行动。

五年过去，泽维尔发生了180度的转变。他现在称自己是一位艺术家，只是业余做做猎头。泽维尔注定会成为一位成功的艺术家——以及一位成功的商务人士，因为他拥有实现这两种身份的职业道德、个人精力和坚定决心。我的职责就是做他的一面镜子，照出他是如何阻碍自己进步的，并帮助他重新构建思维框架，释放潜藏已久的巨大潜能。你也能做到吗？

准备好成长了吗？

这些基于证据的基本信息旨在帮你构建作为领导者的成长之路，其参考点在于什么是可能的，而非什么是错误的。在后面的章节中，请继续探索你的决策和沟通风格，反思你的思维方式。当你发现自己处在封闭的状态中，认为“我不需要担心那件事”或“这个不适合我”时，请停下来，问问你自己：“我是否在抗拒什么？”我们会在后面的章节中发现，即使是最微小的触发点——可能是令你恼火或不能忍受的事——也通常标志着你需要反思你的思维方式，并问问你自己：“我足够开放、灵活吗？我在成长吗？”

第三章

建立和调整你的灵活度

——从“阿尔法型”到“贝塔型”再到“阿尔法型”

在波士顿的一家大型学术医疗中心，我坐在一间狭小办公室里的沙发上，耐心地等待与玛格达的首次见面。她迟到了20分钟——事后我了解到，这是家常便饭。已经有人警告我，她是个“强硬派”，她“非常顽固”。推荐她来参加我的领导力发展项目的上司都不约而同地高度评价了她的才干，以及她对工作和患者的热情，同时也批评了她的工作风格。她的老板这样说道：“玛格达是我们这里最好的医生之一，但她仍处在职业生涯的起步阶段，她需要慢下来，学会听从指令，跟同事的关系也不用那么紧张。我们很喜欢她，但她似乎不太明白，在我们这样一个传统的学术机构中，巨大的变革是缓慢发生的，决策也不是在她的意志主导下就能敲定的。她如果想成为一名拔尖的领导者，有时候就需要往回看一看，学习如何做一个更好的团队成员。”

当玛格达突然进入房间向我问好时，我吓了一跳。她很友善，轻声细语地为自己的迟到道歉。同时，她从办公桌前拉过来一把椅子放在我的正前方，然后坐下，与我四目相对。当时，我觉得我对面这位女士是我见过的最友善、最贴心、最开明的人之一。用她的话说，与一位培训师一起工作，她感到非常“兴奋”。她知道自己强硬的工作风格让老板很头疼。她也知道，相比其他大多数同事，她对待工作更加努力、更加迅速，也倾注了更多热情。但她完全不是只关注自己。相反，她非常清楚，对工作进展逼得太紧、总是希望改变现状——不管她激怒的是谁——给自己和上级领导惹了不少麻烦。

鉴于玛格达已经是一名成功的主管，她也希望成为一名合格的领导者，所以我知道她已经具备一个重要特质：领导力思维方式。她对反馈意见持开放的态度，清楚地知道自己有时候激怒了他人，也渴望成长。一开始，我没有假定她有什么地方错了，而是请她与我分享她认为自己具备的五大优势。她告诉我，她认为自己有创新意识，工作勤勉，坚韧不拔，充满活力，善于分析。下一步，我们试图找出这五个优点是否会带来负面效果。比如，我问她：“你能不能想到某个情形，在这个情形下，坚韧不拔或充满活力反而阻碍了你的成功？”

蒂姆是玛格达的上司，我从与他的谈话中了解到，最让他头疼的地方在于玛格达总是缺乏耐心，也不愿通过“指挥链”开展工作。她如果听到这样的评价，可能又会认为上司在阻碍她的工作。既然如此，请她自行总结经验比我直接告诉她结论有价值得多。“是，我承认我有时候把工作做在前面，直接和其他部门的领导开了会，事先也没有通知蒂姆。但是，我这样做并不是要绕过蒂姆，而是因为我的职责就是把事情做好。”这样一来，我不费吹灰之力就让玛格达认识到，过度热情地推进工作进展反而会使自己在职场受挫。

玛格达在很多方面都是一名典型的“阿尔法型”领导者。她的强项都是经年累月培养而成的：自小在老家印度瓦拉纳西就是成绩拔尖的学生，在医学院取得了优异的成绩，之后赴美攻读硕士学位，成了一名临床研究员，最后在哈佛进入了事业的快车道。为了在女性外籍人士身份可能拖后腿的大环境下出人头地，她学会了做一个坚定而自信，甚至有些独断专行的人。

我经常发现这种现象：有时候，可能正是一些我们受到肯定的强项突然之间变成了阻碍我们成功的短板。我们如果很好地完成了一件事，通常就会倾向于复制这条路径，因为我们在这件事上尝到了甜头，这种做事方式就会渐渐成为一种习惯。但是，当情况发生变化时，我们的职责也会相应发生变化，同样的能力可能就不再适用了。

同样地，我们也应该不断发展和拓宽对自身的理解和认识，这需要一个逐渐“放手”的过程。我们必须放下一些带有局限性的观念，比如“我很独立，我可以自己办到”。玛格达不必抑制自己的工作热情或者职业理想，但她需要认识到，仅仅关注结果而不去向同事寻求支持或与同事共同努力，可能会限制她在固有的上下级体制中的发展，或者使她被同事孤立。

玛格达的老板本身也是一名“阿尔法型”领导者，他的工作风格与玛格达高度相似，所以他俩之间存在一种天然的紧张关系——这是她面临的一项重要挑战。从他的评价中可以了解到，他尽管很欣赏玛格达的办事能力，却也经常感到烦恼，因为她不愿听从指令，对大型机构内部固有的政治体制也表现得不耐烦。

我经常碰到这种思维固化的领导者，他们以一种惯常的方式看待自己，丝毫没有意识到挡在成功路上的两块绊脚石：他一直在使用一种“默认模式”，除非它不再管用；“默认模式”使他人认为“这就是你”，所以即使他尝试一种新的思维方式，它也会显得没有多少说服力。

对玛格达而言，要培养更加灵活的领导风格，只需要拓展另外三种关键能力，而且这三种能力不需要花太多时间和精力就能做到：耐心倾听；慢下来，集中注意力；充分运用内在的好奇心，在他人面前呈现最好的自我。如果你在领导力自测表中恰好偏向“阿尔法型”，那么这几点很可能也是你的“阿喀琉斯之踵”[①]。

做一个更好的倾听者

在开始具体行动之前，有必要先澄清一些关于倾听的传言。有一种传统观念认为倾听分为两种：主动型和被动型。我不知道这种二分法是如何站住脚的，因为所有真正的倾听都是主动的。

① 阿喀琉斯之踵，指《荷马史诗》中刀枪不入的英雄阿喀琉斯身上的唯一一处“死穴”——脚后跟，现引申为致命的弱点、要害、软肋之义。——编者注

如果你是“被动倾听”，那可能是因为你的思想不集中，你正在同时处理多项工作，或者你根本就没有专心听。简而言之：你没有在倾听。

有的培训师将倾听划分为不同的层级：第一层级，你倾听着他人的话语，但更多地在关注着自己的思维和反馈；第二层级，你开始关注他人的语言、语气和非言语性表达，把关注重心从自己身上转移出去；第三层级是“宏观倾听”，你不光关注到说话之人的语言和非言语性表达，还能快速识别周遭的语言环境，察觉到你们周围的气场。

这种区分很有用，但可能有点儿武断和过分复杂。正如我所说，所有的倾听都是主动倾听，它包含了两大部分：由内向外的倾听和由外向内的倾听。“由内向外的倾听”——有人认为这属于第一层级——意味着在关注内心想法的同时去倾听他人。“由外向内的倾听”是指专注于说话方的语言、语气、语调、肢体动作及气场，同时也能注意到自己周遭的环境。有效的倾听包含了这两者之间的相互影响。[1]

此处对灵活的领导者提出了一个关键问题：你如果既希望能深刻理解他人，又希望被他人理解，那么应该如何分配说和听的比例？有专家会说 2∶8，但这本身就是有问题的。两个人或者一个团队内部的联结和理解与说和听的比例无关。它来自一个神经共振的过程，这个过程仅有短短数纳秒，却是针对大量感观信号（不仅包括语言）的基本情绪反应。一个微笑或一个手势，就有可能带来一个更好的结果。也就是说，如果你大部分时间都在说，你可能就没有在真正地倾听。对典型的“阿尔法型”领导者，比如玛格达来说，少即是多。但这里不存在所谓的神奇比例。我在客户身上发现，最管用的办法是“3P 法则”——姿态（presence）、角度（perspective）和角色（persona）。

1. 培养倾听的姿态

先提一个问题：如果你即将参与一次重要的谈话，你会为了准备说什么花多少时间，又会在倾听这次谈话上花多少时间？根据经验，对采访式的谈话来说，2 ∶ 8 这个比例可能不算太差。但真正的答案是：视情况而定。我们总是在听，也总是在说，因为在听和说的时候，不仅是耳朵，我们全身上下都在参与。大脑在同一时间只能处理一个想法、一个概念或一个记忆点，而身体则是出色的多面手，它可以同时接收并处理谈话对象的肢体语言、语气、语速和动作所释放的信号。同样地，你在与人交流的时候，也可以同时运用表情、眼神、手势、姿势，以及语音、语调、语速。成为好的倾听者需要你注意自己的肢体动作及释放的语言线索。

玛格达花了几个星期思考上面的问题，并且在几次关键性的交流后做了笔记。她开始意识到最大的问题在于自己“直奔主题”的强烈愿望。她对闲谈没有多少耐心。同时，她意识到建立良好人际关系的重要性，也看到所谓的闲谈——其关注点在于个人，更恰当地说应该是人际——能够建立信任、亲密和联结。

意识到这一点后，她给自己留了家庭作业：她承诺每周至少约一位重要的同事出去喝咖啡。一开始，这种方式显得有点儿不太自然，但确实很管用。玛格达的同事们转变了对她的看法，以前他们认为她是“老黄牛”（“当心点儿，她又要来给我们布置工作任务了”），现在他们视她为同事（“嗨，玛格达来了，也许我应该停下手中的活儿跟她打个招呼”）。她很快认识到，如果希望工作进展顺利，那么了解与自己共事的对象非常重要。道理看似显而易见，但培养倾听的习惯——在玛格达的案例中，关注人而非工作任务——起了很大的作用。

2. 认识你的倾听角度

上一次你不带着工作议程与同事、经理、下属坐下来聊天是什么时候？如果你和我们大多数人一样，那你每天就是带着工作目标去开会的，玛格达也是这么做的。即便她和同事们出去闲逛，度过更为私人的休闲时光，她也是带有目标的：了解他们，感受到更多与同事们的联结，为今后的工作关系奠定更加坚实的基础。

我们都有一个所谓的“倾听角度”。正如我们透过某一特定的视角去观察世界，这个视角会使我们对眼前的事物形成观点和价值观一样，倾听也是如此。在倾听的时候，无论我们是否意识到了，我们都带着一份工作议程，不仅如此，我们还会通过兴趣和信仰来过滤自己听到的一切。在通常情况下，我们在与他人交流的时候，都不会考虑这些构成我们身份的基石是如何支撑着我们的动机的。在通常情况下，我们所谓的“倾听”更像是一种“勾结串谋”，我们需要在倾听的过程中寻找答案并最终确定：“这个人或这个团队是站在我这边的吗？他们是支持还是反对我的呢？”

你是否意识到你的判断会影响你倾听的方式？你在倾听的时候，是希望了解他人的观点，还是为了使自己的观点得到验证？

要成为灵活的倾听者，玛格达需要关注她受训成为医生的过程、她的文化背景、她的信仰和观点怎样反映她与别人的交流方式。我们的探索使她发现她自己有两个潜在角度几乎体现在了她的每一次交际当中。第一个与她的医学课程直接相关：倾向于倾听和询问哪里“有问题”，哪里需要“修补”。对医生而言，通过接受训练形成诊断病情、快速给出诊疗办法的思维方式是再正常不过的了。第二个是她喜欢带着止痛、解决问题的目标去倾听症状。对医生来说，这也是正常的。

但是，在领导力动态中，这两个角度——诊断-修补和缓解症状——都存在风险。它们过于程式化，为探索、寻求替代方案或者倾听更为广泛、更为系统化的议题留下的空间不足。玛格达对待病患的冷静与共情是有目共睹的，但她对同事或下属并不总是同样有耐心的。要成为一名高效的领导者，她需要着眼大于局，为对话创造空间。她还需要带着更深层次的同理心和好奇心去倾听，并花时间强化行之有效的做法——对成功进行庆祝和答谢，使自己对待同事和下属比对患者更有耐心。认识到自己学到的或潜藏的信念并不难，但它需要自我反思。

在此声明，我并非宣扬每种情形都需要改变天生的倾听角度。如果你与一群志同道合的朋友聚餐，他们每个人的观点都与你的相似，那你就不用再费心去了解别人了。在座每个人的观点都一致，那种感觉可真是太棒了。但我们如果发现自己和别人在价值观、理念、判断上都存在分歧，则会感到障碍重重（每天我们都会在所谓的电视“新闻节目”上看到一帮专家唇枪舌剑，很遗憾，这是最差的一种倾听方式）。

重点在于：我们都有自己的倾听角度。我们将自己受过的教育、文化背景和价值观带入每一次对话，它们并非天然就是通往成功路上的绊脚石。要成为灵活的领导者，需要开阔眼界、提升格局、洞察一切。[2]

3. 选择你的倾听角色

针对培训师、心理学家塔蒂阿娜·巴赫基罗瓦（Tatiana Bachkirova）所称的“多重自我”的研究表明，我们都有多重的迷你自我。想想你与同事、朋友、家人不同的相处模式。高效的培训师意识到，不同的环境会要求他们扮演各种不同的角色，以便帮助他们的客户辨别哪些角色较为严厉，哪些角色比较自由开放。[3]

部分培训项目强调培训师应作为睿智的伙伴，向客户提出各种各样的开放性问题，帮助他们找到适合自己的解决方案，这类项目不提倡培训师直接给出建议或者扮演导师的角色。此外，如果培训师有某些专业背景，如临床心理学或者金融学，他们可能会在客户情绪低落的时候扮演心理治疗师的角色，或者在客户面临财务困境时作为专业咨询师提供帮助。大部分培训项目不鼓励培训师承担其他的角色职责，但培训动态——就像任何人际关系一样——是灵活的，扮演其他多个角色的能力或许正是客户需要的。

我的客户最常见的问题之一是他们在资历相仿、将彼此视为朋友或知己的同事中受到提拔，要么成为他们的直系领导，要么成为（在如今的扁平化组织结构中更为常见的）项目经理或者矩阵型①经理。升职的那一方会问："我需要放弃朋友吗？我该如何在昔日称兄道弟的人面前树立领导的威信？"

我提醒他们："朋友是一种身份，领导也是一种身份。为什么不能在你们的关系中发展出一种新的身份呢？"关键是要以开

① 矩阵型（组织结构）指在传统纵向职能部门系统的基础上结合横向产品部门系统形成的组合结构。矩阵型结构整合了职能式结构和分布式结构的优点，兼顾市场需求与资源优化配置。——译者注

放的方式和每个受到影响的人讨论职位的影响范围，承认不同的动态，保持不同动态之间的明确界限，并对此进行思考。

我有一位客户是某公司的首席执行官，他和两位朋友一起创业，并将公司规模发展至2 000多名员工，最后他却不得不解雇了其中一位联合创始人，而另一位不仅是他信得过的商业伙伴，也是公司的首席运营官，会直接向他汇报工作。留下来的那位联合创始人面临一种三重身份的动态结构：他与首席执行官同为联合创始人；他作为下属要直接向首席执行官汇报工作；他是首席执行官的一位密友。他们都是聘请培训师的早期拥护者，在共事多年之后，他们成功地发展出一个新的角色：他们学会了给彼此做培训。我问那位首席执行官彼得，为什么他和其中一位联合创始人磨合得这么好，而与另外一位联合创始人查尔斯的关系不那么如意，他的回答可能有点儿老套，但却真实：自我起了阻碍作用。

查尔斯可能无法“忍受”（引用彼得的原话）当朋友的跟班。他对批评特别敏感，对“联合创始人”这个头衔缺乏安全感——他觉得这个职位没有多少实权。发生这种情况很不幸，但它一直在发生。彼得不能消除他的朋友作为自己下属的不安和被贬低的感觉。查尔斯因为彼得向董事会做报告而感到气恼，因为他觉得自己才应该是那个去做报告的人。随着时间的推移，两人之间的矛盾越来越多，查尔斯变得越来越固执，而彼得最终意识到权力动态伤害了人际关系，损害了创造力，他对失去了一位朋友兼爱将感到愧疚、悲伤不已。

为了避免更多的损失，彼得学会了如何在与首席运营官，也就是另一位联合创始人相处时转换角色。有时候他们会外出喝点儿东西，但聊天的话题仅限于家庭、孩子、假期和运动——就是不谈工作。他们只有在清晨的咖啡时间才会讨论工作。做出这样的改变需要纪律的约束，他们最终找到了令双方都满意的安排。我请他们思考一下他们是如何维持工作和家庭的界线的。像查尔斯一样的初创企业创始人，他们的精力被工作消磨殆尽，因此损失了不少人脉。他们开始懂得，一段相互尊重的婚姻关系或私人关系也需要类似的约束：你需要明白你在爱人、朋友、孩子面前分别扮演的是什么角色。你可以身兼数个角色，但绝不是同时如此。

我们随时都在扮演某个角色，但我们可以学习外科医生马克——也就是我的"敏捷领导力"角色模型，快速转变角色，就像我跟踪观察他那天他所做的一样。但是，我们经常在进入下一场会议或谈话的时候仍然停留在上一个角色当中。塔蒂阿娜指出，高效的领导者能够认识到可供选择的所有角色选项，并且能够从中选出最适合当下情形的一个。在个人生活中，我们都很熟悉这种做法。如果我们的孩子在这一天过得不愉快，或有朋友来寻求建议，我们能够迅速变身咨询师、培训师或知己密友。但在工作中，我们似乎忘了自己可以是一条"变色龙"。作为一名领导者，这意味着不能陷于固有的习惯性回应方式——特别是对那些提拔你的人。保持改变，尝试新的倾听方式，让你的同事们都知道你的这种改变。不要藏着掖着，也不要让他们忽视你的改变，甚至将你的改变视为假动作！

慢下来，集中注意力

当今时代，注意力是一个宏大的话题，我们也都知道原因：智能手机的兴盛创造了一种所谓的“成瘾”文化。我们因为总是不停地被网络世界里的短信、邮件和社交媒体打断，所以很难再集中片刻的注意力。对大脑的研究表明了人们网络成瘾的程度可能有多深。所以，每家公司都希望每天的每个小时在每块电脑屏幕上向员工推送即时更新的消息，这也就不足为奇了。

更糟糕的是，不知从何时起，认为能够同时处理多项任务是件好事的观念已经根深蒂固。一种在企业文化中受到广泛认可的观点是：一天中能做的事情越多，就越能说明你是一名优秀的领导者。我们都知道，在某种程度上，这纯属无稽之谈。但情况比我们想象的更糟糕。在对工作成果的疯狂追逐中，我们徒劳无益地拼命完成待办清单，灵活领导力的基本要素被忽视了。如果你停下来深呼吸并反思一下，你就会立刻意识到，同时处理多项任务是倾听的对立面。当有人向你吹嘘自己是个了不起的多面手，比如他们能够在开车的时候发短信时，你就要当心了。这是在告诉你，他们无法集中哪怕几秒钟的注意力，一条未读信息可能比你说的、做的任何事都重要。你想做这样的领导者吗？我对此深表怀疑。

我没有在玛格达身上发现其他领导者不分重点、同时处理多项任务的习惯，但她可能会受到“因为一棵树而失去整片森林”综合征的负面影响，意识不到自己过度聚焦于目标，对他人、范围更广的政治动态或人际动态，以及其他同事的竞争计划造成了影响。她虽然在自己的项目范围内处处留心，但在其他地方却心不在焉。我甚至想说，她这种方式不叫“执行多项工作任务”，而应该叫“过度执行某项工作任务”。她每天深耕细作，完成了许多项目和待办清单上的工作，如此一来，她却错失了大局。从情绪层面来讲，有时候她无法体会到成就感，也不会去庆祝团队取得的成绩。她从不粗鲁待人，也会向助理和团队成员表达谢意，但她通常太过匆忙，因此减小了这么做的效果。

如果你能意识到自己身上也有玛格达的问题，不要灰心。成就卓著的领导者都容易陷入各种各样的事务中，这很正常。为找到解决之道，我们需要探寻全神贯注（且醒着）和忙忙碌碌（却睡着）的区别。当今时代，冥想（meditation）、专注（focus）和正念（mindfulness）大有市场不是没有原因的。我们夹在各种电子设备和朋友、家人、工作之间，要做到全神贯注和感知当下，确实非常难。但是，无论我们有多忙，在各种嘈杂的声音中，总会时不时冒出一个小小的声音，诉说着一个我们都知道的真相：此时此刻，生活正在进行。

我们时常陷入机械的思维和生活方式中。你有没有坐在电视机前吃冰激凌，本打算吃两口就放回冰箱，结果20分钟后却发现冰激凌盒子已经空了的经历？这是心不在焉（mindlessness）或“无人驾驶”（autopilot）的典型例子。有的老师将“无人驾驶”形容成一种梦样状态（dreamlike state），也就是没有全神贯注。我们没有注意到身体告诉我们的信息。

正念则完全相反。它意味着你要关掉自动驾驶控制器，重回驾驶座，重拾注意力。要做到正念很简单，但它与我们的西式思维刚好相反。科学证据表明，只要我们专注哪怕只是短短的一段时间，我们就会更加高效、更加健康。[4]

好在你完全可以做到这一点。如果放任自流，你的思想只会是没有方向的洪流，但你也可以在几秒钟之内聚精会神。试着专注于你的呼吸、一种舒缓的声音或是一个具体的物品。正念是实现自我意识的关键，它能够帮助我们平息内心的杂音，关注我们内在的想法——这是自我反思的切入点。乔·卡巴金（Jon Kabat-Zinn）在哈佛大学开发了著名的正念项目，将冥想的再生力和衍生力带入了主流观点，他将正念定义为“专注、带着目的、关注当下、不做判断”。

正念训练需要每天安排2~3次短暂的休息（是的，要写在你的日历上），到自然环境中去呼吸、漫步，或者就静静地坐着。坚持下去，因为实现精神的专注是一生的追求。以下三条建议可以给你一些帮助。

第一，思维型领导者：使用如Calm或Headspace一类的冥想应用程序，在特定的时间为自己留出10分钟，每天两次，安静地坐着、呼吸、倾听。

第二，情绪型领导者：同上，加入冥想式或舒缓式音乐，帮助消除焦躁的情绪，平复内心。

第三，身体型领导者：同第一条和第二条，再加上身体上的接触，比如在掌心放一块小石头或者一块光滑的沙滩玻璃，在训练专注力时带入身体觉知。

培养好奇心

好奇害死猫，但这点用在人类身上刚好相反。最新研究确认，好奇心是领导者成功的关键要素，它能够产生直观感知。想想那些天生有着好奇心的朋友和同事，他们不光自身有趣，也对各种各样的话题感兴趣。他们喜欢探索新鲜的想法，对新的可能性也抱持开放的态度。有好奇心的人不会拒绝变化，可能还会推动其发展。他们乐于社交，喜欢在不同的场合与不同的人打交道。遇到挫折时，他们也有很强的韧劲儿。[5]

但是，即便是最好奇的人也会为自己有选择性的好奇心感到内疚。乍看之下，玛格达是一个具有好奇心的人，她不仅对接受培训感到好奇，和其他客户不同的是，她还希望了解培训的方方面面！但是，从她同事那里得到的反馈表明，她更注重结果。相比之下，她的思维就没那么开放了，她对寻根究底和集思广益都没什么耐心。玛格达只对能够立即改善工作流程或增加财务收入的新思想保持开放态度。但如果是仅仅为了学习而进行一次对话呢？或者尝试可能失败或者可能浪费时间的事呢？那她就没什么兴趣了。

你有多少次打定主意想要学点儿东西——带着对知识的渴望——最后却因为课程太难或超出你的舒适圈而感到无聊或沮丧？相信我们都有过类似的感受！好奇心可能是帮助你成为成功领导者的关键，但它也可能产生确认偏误（confirmation bias），正如我们很多人都认为自己是好司机（事实却刚好相反）一样，很多人也认为自己有好奇心——除了没有的时候。

对玛格达和过去多年来我培训过的医界领导者而言，当他们的关注点聚焦在患者身上时，他们的好奇心就发挥到了极致。诸如“我们如何改进医护流程？”“我们如何在一天内诊治更多的患者，同时能维持较高的患者满意度？”等问题会激发他们的好奇心。但是有关团队动态和如何更好地领导医院行政体系的问题则会引来一声叹息，产生截然不同的效果：这些问题会浇灭他们的好奇心。

要想实现突破，方法很简单，但不会立竿见影。玛格达需要拓宽她的倾听角度，认识到她觉得无聊的事物其实与她感兴趣的诊治病患工作息息相关。有关她的团队（疼痛科）和其他团队（如儿科、外科）之间开展跨职能交叉合作的提议可能会让她觉得离题太远，但这其实与她所关心的诊治病患工作并无实质上的不同。

我告诉她，我之前培训过另外一名医生，他缺乏耐心，言行直率唐突，也遇到过和她类似的情况。其中最让他头疼的是负责住院部病床、床上用品和其他重要物品的后勤部。他沮丧和不耐烦的态度导致他和后勤采购部门负责人的关系非常疏远。有天晚上，他的一位同事随意打开了控制所有走廊灯的断电器，这使医院其中一个片区陷入黑暗。护士们惊慌失措地打电话给他："停电了，我们都没法儿照顾病人了！"他匆匆忙忙赶回医院检查故障。第二天，和后勤部负责人对质时，负责人对此予以否认，并轻描淡写地说了句"哎哟"。这位后勤部负责人想要传递的信息很明确：轻视医院管理的任何一方面都可能影响到患者。

玛格达觉得这个故事很好笑，也有些惊讶，但她抓住了要点。好奇心就是一支象征着可能性的小小蜡烛，总是在我们内心深处闪烁，又非常容易因我们深长的叹息和望向待办清单的焦虑眼神而熄灭。我请她在下次见面时列出一份清单，写明让她感到沮丧的事、工作中扼杀她创造力的情形或让她无法处理的情况。

"不用等到下周，杰弗里。"她立刻答道，"最让我感到丧气的是我的上司。我不懂他为什么不能再支持我一些。为什么他总是挡在我的项目中间，总是阻碍我采取新的举措？"我建议玛格达把她的上司蒂姆当作一个项目来对待。如果他不够支持她，然而他们又有相同的目标——良好的医护环境、可持续的财务措施、创新的服务方式，那么到底是什么造成了这种断层？

她如果缺少对他的行为的了解，就不会想去求得解释，但她也承认她曾在某种程度上对他的动机感到好奇。这就需要玛格达用一种刚开始让她不太舒服的方式去接近她的上司：叫上他一起吃午饭，“只是讨论一下我们该如何共事”。我真希望自己当时是只小虫子，可以趴在墙上听听他们说了些什么！她建议他们私下可以多多见面，也说自己非常珍视他在工作上的指导，这很棒。当然，这些都是他一直以来想听到的，但由于他的风格也和玛格达的类似——以行动为导向、武断、很少表露私人或脆弱的部分，他也未曾向玛格达敞开心扉。

对玛格达而言，这只是冰山一角。她开始发现其他激发好奇心的事项：与护士共事，探究改善患者病情的方法，寻找外部的有利条件，在日常生活之外建立人际关系。

研究发现，无论是“阿尔法型”还是“贝塔型”领导者，都应当具备创新机构呈现的核心要素：

（1）支持（有限度的）冒险且不对失败进行惩罚。如果员工们害怕无用的想法或对新鲜事物的失败尝试会使他们遭受惩罚，那他们很快就会意识到：“快别给自己找麻烦了。”

（2）为思考和创新提供空间和支持。

（3）通过推动落实所有权和问责制来给员工赋权。

（4）鼓励员工打破舒适圈，积极参与和竞争对手、其他行业、其他文化的相关活动。外部视角通常能够帮助产生内部的好点子，不是每个想法都是在内部生成的。

从“贝塔型”到“阿尔法型”

在日落时分的海滩漫步，进而开启培训活动，这种工作方式会使人愉快且令人难忘。这也正是雷纳尔多首次提出与我合作时的情形。在与他和他的经理们开了一天漫长而艰苦的研讨会之后，我们每个人都需要休息一下。我们的那次场外会面在北卡罗来纳州远东海岸的一个美丽的度假胜地进行。那时候还是早春，风大天冷，但散会之后团队成员都涌向了海滩。和以往的客户不同，雷纳尔多把我拉到一边，希望我单独和他沿着海边散散步。太阳在我们身后渐渐下沉，大西洋冰冷的海水没过脚踝，我们漫无目的地走着。此时，雷纳尔多告诉我，他的上司，也就是公司的首席营销官，建议他来参加我为电商零售初创企业的高管们开办的培训项目。在我的印象中，很少有人以这种谦虚到近乎羞怯的语气与我交流。

“老实说，我真不知道培训能对我起什么作用，”他说，“乔希好像认为我这人太好了。他告诉我，要对下属严厉一点儿，使他们都能担起自己的责任。但如果这需要让我变得像他一样独断专行，那我不太想这么做。我觉得我与团队交流的方式挺好的，我很尊重同事们的想法，开讨论会的时候也总能从他们那里学到很多。但我确实也听到过一些闲言碎语，有人说我的会议过于开放，时间也太长了。我猜，这些说法也传到了乔希的耳朵里，而且他认为我应该更像个领导的样子。我在想，有没有一个折中的办法？”

“我明白了，”我答道，“大家都希望领导者成为一个开放的倾听者。怎么说呢，让我将某人训练得更加颐指气使、专横跋扈，真是相当讽刺。我今天看到了你们团队的互动，也注意到讨论过程中你提出了大多数的问题，通过这些问题鼓励他们相互分享。你非常善于收集在座所有人的意见。我期待更多的客户能够做到这一点。”

在此基础上，我开启了一项针对与刻板领导者的形象截然相反的青年领袖的培训课程。

雷纳尔多是真正的“贝塔型”领导者。作为一名高科技公司的数据科学经理，他最大的优势在于能够平等地对待下属。他能够召集大家开一场开放包容、富有成效的集体研讨会，这让我印象深刻。但同时，在我刚才提到过的情形下（每项优势也都可能是一项负担），我发现雷纳尔多很难得出结论。和我合作过的其他小团队都充满竞争活力，会努力寻求答案，而雷纳尔多的团队则是从一个话题讨论到另一个话题，其他团队都已经在喝咖啡休息了，他们还在长时间地开会。我发觉，“贝塔型”领导风格已经成了他通往成功之路上的阻碍。

关于“贝塔型”领导者的核心问题非常明确：一位以达成共识为导向、善于发问的领导者如何能够更加重视结果的产出，更有决断力？雷纳尔多的性格并不是那种希望变得更加善于表达或更加自信的内向型人格。数据科学团队在雷纳尔多的公司发挥着重要作用，营销分析是其中的关键驱动因素。事实上，他之所以被提拔为这个团队的负责人，是因为他在该领域拥有强大的学科背景，他能够强有力地领导团队并挑起大梁。然而，他天然地倾向于不断探索替代方案，而非寻求明确的答案。

当雷纳尔多进行团队工作成果演示时，这种情况尤为明显。公司要求他在 15 分钟之内总结团队的季度业绩并提出建议，但雷纳尔多却展示了一份 40 页的演示文稿和一份长清单，来说明深入的分析研究如何支持商务活动。这些东西都很好，但是太多、太长、太细了。我环顾四周，难过地发现他的同事们都翻起了白眼。

“我们有的忙了。”我向他解释道，“你不用变得专横跋扈，但你需要与自己的内心和解。你需要向前一步，在恰当的时机做出决断。好在这不是个非此即彼的命题，你可以做到这两点。”

如果你的情况和雷纳尔多的类似，那说明你可能是在当前的商业范式中处于领先地位的领导者。因为你有倾听的意愿，期望基于共识做出决策，你并不一味追求结果，反而对探索更多可能性持有开放的态度，为你效力的千禧一代很可能非常欣赏你的这些特质。问题是，如果你的上司或同事是与玛格达同类的人，他们希望尽快落实工作，那么这些优势将很可能成为劣势。你所面临的挑战是如何在情势需要的时候认识到自信、坚定的重要价值，同时仍旧保持学习的劲头。在这种情况下，你要学会灵活变通。

▶ **快速训练：**从“阿尔法型”到“贝塔型”

倾听的姿态

（1）**少说多听。**请一位朋友监督你说和听的比例。不用设定明确的比例，只需提升你自己的倾听能力。这个比例没有明确的对错。如果你天生是个“阿尔法型”的人，你的目标就是少说一点儿，多听一点儿。

（2）**习惯安静。**设置一个特殊的提醒，告诉自己，集体讨论或者一对一会议中出现短暂的安静是完全没问题的。有的客户在记事本封面上写上“安静下来”并放在自己面前，或者手握一颗石头，它会向大脑发射信号，使他们保持安静、倾听他人（我用的是一颗小巧的在海滩被风化的心形石头，它正好贴合手掌的形状）。

（3）**提前设计开放式的问题。**提出一些相辅相成的初始问题，例如“如何”“什么”“为什么”等。在列表中添加例如“告诉我更多信息”这样的句式（你可以在电脑、手机、笔记本上记上这句话作为提醒）。尝试开放式的说法，鼓励他人和你分享，例如“我很好奇”“我想听听……”。

倾听的角度

（1）**了解你的工作议程，以免为其所困。**除了你可能在会议中讨论到的议题，写下你希望在会议中达成的目标或希望和与会者共同计划的事项。你越了解自己的意图，就越不容易在应该放手的时候仍然为其所困。

（2）**倾听之旅。**如果有可能，看看你是否能够放下手中的工作议程，去探寻他人的目标。想象你自己正处在一趟学习的旅途中，而不是要直奔目的地。

倾听的角色

（1）**明确你的角色。**花时间思考一下，你的哪个角色能够最有效地支持你与他人互动。想一想你是否愿意成为培训师、教师、合伙人、朋友、研究员，或者其他的身份。

（2）**角色转换。**找一个在领导岗位上扮演多个角色，特别是平常的表现和你完全不同的榜样人物。将自己切换到研究员的角色，分析榜样人物行之有效的工作方式，然后跟随着引导，尝试新的听、说方式。

慢下来，集中注意力

（1）**正念一分钟。**设置一分钟的定时器，然后把它放在一旁。在一个不会被打扰的安静之地坐下来。深呼吸三次——专注于你的呼吸。体验一呼一吸之间的转换给你带来的感受。闭上眼睛，感受你的身体在一呼一吸之间的状态。关注你的思想：它是集中的还是涣散的？如果是涣散的也没关系。轻轻地将你的意识收回至你的鼻孔，关注鼻孔处气体的一进一出。

（2）**缓冲区域。**在会议和会议之间安排五分钟的休息时间，在这个缓冲阶段活动活动身体。走一走或者来到户外，能给你的精神状态带来巨大改变。离开办公桌的五分钟能够唤起我们容易忽略的情绪、身体或思维层面的变化，结果令人叹服——它可以根据我们的需求唤醒我们或使我们安静下来，以便带着更好的自我意识和平静的心态进入下一项事务。

（3）**"自我"时间。**我要求所有客户都在每周留出一定的时间进行闭关思考。这样做可能显得有点儿自私，而且如果你很受欢迎，那么这是不大可能实现的。但是，即便是世界上最顶尖的首席执行官，也都认为可以尽量挤出一定的时间和精力来执行"'自我'时间"这个任务，并使这一任务神圣化。从每周一个小时做起，一旦这项活动常规化、固定化，即便你在生活中已经忙疯了，你也仍将更能获得成效、更有创造力、更放松。

好奇心

（1）**初学者心态。**“玩儿”对你来说意味着什么？是参与一项运动或演奏一种乐器，还是写作或绘画？腾出时间学习一项新技能，这项技能要既能让你感到愉快，学起来又有点儿费力，但足以让你放松心情。我有一位客户在满世界出差的空档给自己安排了富有趣味的娱乐时间段：用较短的时间探索一个新的社区、逛街（只看不买）或参观博物馆。

（2）**周一例会。**定期召开例会，和你的团队共同探索新想法。我的一位客户每周工作日的第一件事是召开周一例会，在这个会议上，他鼓励每个与会者分享一个在周末受到启发而产生的想法。

▶ 快速训练：从“贝塔型”到“阿尔法型”

（1）**释放你内在的竞争对手。**重温你必须通过竞争取胜或实现目标的时刻。你通过做什么来集中注意力？你的决胜公式是什么？重新找回这种能量，并列举你为实现这一目标所做出的努力。

（2）**“事不过三”。**将你的会议议程控制在三项以内。如果你能将议程简化为一项，那更好。如果你以开长会著称，人们会尤其感激你向“短平快”的转变。你仍然可以为反馈和对话留出时间，但少了冗余的事项，你能更加专注，并能够进一步优化讨论事项。

（3）**短小精练。**控制书面材料的长度，比如邮件、幻灯片等。回顾优秀沟通者的话语长度、内容和语气，告诉自己向他们学习，比如“两段话”“三大要点”。

（4）**自我宣告。**记录你的优势。对“贝塔型”领导者来说，最重要的是清楚自己擅长什么，而且要在适当的时候坚持适当的立场。做一做 VIA 测试（一项免费的优势和价值评估，参见 www.viacharacter.org），写下你最强的前两项优势，以“我是……”作为开头进行宣告。试着将它们大声地说出来，说给自己、密友、任何一个可以培训你的人听，为自己的日常工作带来更多自信。

如果你已经深入研究了本章的成长型思维，你是否了解了需要做什么来使自己的领导风格更加灵活？不管你现在感觉自己有多灵活，成长意味着反思你自己的倾听方式、集中注意力的方式、做决定的方式，以及汲取新观念的方式。你有好奇心吗？在必要的情形下，你是否可以把握大局，保持坚定？理想的领导者并非完全的“阿尔法型”或“贝塔型”领导者，而是可以根据实际需要，灵活转变为任何一种（或者兼具二者优势的）类型。

如果你是身体型领导者，想一想如何培养灵活度，特别是思维上的灵活度。不论测试结果显示你属于哪种类型，你都可以充分认识自己的领导风格，用行之有效的方式建立和调整你的灵活度。

第四章

意向性沟通

——从爱因斯坦的空间到梵高的天空

你手中这本书是一种沟通载体。如果你读到这一章还没有把书放下，如果书中的内容对你仍有吸引力，那么从某种内在层面来说，我们，也就是我和你，建立了彼此之间的联结。我们正在沟通。当你蜷在沙发上翻阅一本有趣的小说，慢慢地进入小说情节，忘记了时间，完全沉醉于作者的艺术创作中时，你就进入了所谓的与作者“深度对话”的状态。但是，无论是一部引人入胜的小说还是一本实用的“自助”书，究竟是什么保持了这种对话的生机和活力？为什么有的领导者能够通过他们的长远愿景、宏伟目标和对行动的呼吁来获得团队的全面关注，而有的领导者却以失败告终，导致下属们离心离德，甚至出现更糟糕的情况？

作为一名培训师，我遇到过一些才华横溢的领导者，由于他们没能找出如何传递他们想要表达的信息的方法，他们创造影响力和吸引追随者的效果不尽如人意。当我们的关注点转向意向性沟通的主题——你如何跨越区分群体的身体、情绪和智力空间——时，请你问问自己：“这本书是如何与我产生联结的？”你是否会对与你的个人经验直接相关的个案研究产生共鸣？你是否正在浏览书中建议的做法，或者正在记录你觉得有意义或有用的内容？

作为本书的作者，我当然期待你能仔细读完并细细品味我写下的每一个字。但开什么玩笑？我本人也不会用这种方式阅读“自助”书，所以我又怎么能奢望你——我的读者——有所不同呢？哪些信息对我们有深远影响，我们又选择忽略哪些信息，我们每个人都有自己的偏好。正如心理学家劳伦斯·勒赛（Lawrence LeShan）和物理学家亨利·马格瑙（Henry Margenau）在他们合著的《爱因斯坦的空间与梵高的天空》（*Einstein's Space and Van Gogh's Sky*）一书中写道：

> 对艺术家（这里我还要加上领导者）开放的可能性也会受他们那个时代的文化视角限制。每种文化都以某种方式接近无限可能性，这使得其他方式变得不可能或不可理解。一幅多年前出版的漫画展示了文艺复兴时期一位画家的工作室，旁边是这一时期的经典绘画作品。角落里是蒙德里安于 1921 年创作的著名画作《红、黄、蓝构图》（*Composition with Red Yellow and Blue*）。画家向一位朋友解释道：“噢，这只是我的尝试，但没有成功。”艺术家（及科学家）创设了现实机构，并在其中做了许多尝试，每种文化都选择了部分成功的尝试，也拒绝了其他一些尝试。被文化选中的，反过来也塑造了文化。

我们的文化在现实和虚拟之间灵活切换，这就导致我们很容易丢失真理和意义。要建立领导者和追随者之间沟通的“结缔组织”，需要带着谦卑之心，在实证和传闻中寻求平衡。世界上没有唯一正确的沟通方式，我想要分享的只是行之有效的故事和案例。但是，每种情形和每个个体都是独一无二的。你的目标是了解自己在沟通方面的禀赋，向他人学习，拓展你对现实的观念，使其既包含爱因斯坦的空间——支持某个立场的科学、事实和证据，也包含梵高笔下的星空故事和星空之美，你的视野将会因此更上一层楼。每个方面都很重要，正是这些方面将我们凝聚在一起。

如今，由于头条报道中充斥着“假新闻”，不少人对阴谋论信以为真，我们似乎很难确定到底什么是事实。同样地，你很可能在各处听说了“基于证据”这个词，好像我们已经彻底征服了经验主义的难题，即如何用证据支撑理论，使其得到验证并被当作“黄金准则”。然而，事实并非如此。

当有关大脑的研究被发布在大众媒体上，用以“证明”我们为什么要做我们所做的事时，神经科学家率先对此持保留态度。有些培训师会使用针对大脑物理变化的功能性磁共振成像（fMRI）技术，并宣称他们了解如何最好地激励人们或如何培训他们。当然，本书也包含了一些有趣的神经科学研究，它们对理解我们在处理数据、整合来自身体的信号、对外部刺激产生反应和做出决定时体内的化学和神经元进程有所帮助。但是，要说我们现在已经理解了过去人们所认为的神秘事物——如记忆、意识、情绪及人类内在与外部世界的联结——的本质，或我们可以纯粹通过“基于大脑的培训”来提升人为表现，目前为时尚早。

我说过，科学家本身就是最伟大的怀疑主义者，因为我们对大脑认识的部分越多，未知的部分也就越多。这非常矛盾：我们用自己都没有完全理解的工具来揭示这个工具是如何发挥作用的。记住这一点很重要（此处没有双关语意），否则我们就相信了人类与机器并没有多少不同——这很冒险。因此，我们有必要在探寻“证据”的道路上保持怀疑的态度。好的科学很重要，它能扫除困惑，带我们进入更深的知识层面，让我们知道如何更有效率，但它并不能取代故事、愿景和神秘想象发挥的作用，是它们激励着领导者引领整个团队，也吸引着团队成员追随领导者。[1]

以始为终

> 不管我们现在有多成功，我都永远不会忘记我们这个小团队有过的挣扎、怀揣的梦想和肩负的使命。人们问我是否觉得幸运，因为我们在对的时间开发出了对的科技产品。我对这样的问题向来嗤之以鼻。事实上，我们的成功并非上天注定。当时的软件行业可以说是一片不毛之地，而我们正处在荒无人烟的地带（我们的公司实际上位于巴黎郊区）。一开始公司只有我和贝尔纳，后来我们有了三名雇员，然后一

直发展到上千名员工。我想分享我的梦想——通过技术改变人们做决定的方式，而且我总能感受到热爱——对，这个词恰如其分，我们的团队对我们所做的事充满热爱。所以，从某种程度来说，我一直都知道我们会成功。不管我们经历了多少起伏涨落，我的工作就是保持激情，保持我们创业之初的雄心之火不灭。我同时感到骄傲与谦卑，我也很清楚：最终的成功一定来自初心。

上面这段深刻的话语出自丹尼斯·佩尔（Denis Payre）之口。当时，我们坐在波士顿一家小饭馆内，他就坐在我对面，这很符合这位超级成功的领导者的特点，也充分体现了其核心风格——接地气，还有他偏好的沟通方式——面对面。看到丹尼斯，我的思绪回到了二十多年前。他是我的首位培训客户，彼时互联网时代还处在平静期，但即将首次出现表明互联网及相关网络工具重大影响力的迹象。

我之所以分享丹尼斯的故事，并不是因为他的公司博奥杰[①]取得了令人叹服的成就，最终以数十亿美元的价格出售。我想要分享的是更加鲜为人知的背后故事：为什么他们取得了如此大的发展，以及你如何才能像我一样，了解到促使这家初创企业发展

① 博奥杰（Business Objects）是法国一家全球领先的商业智能软件公司，其产品套件为报表、查询和分析、绩效管理及数据集成提供了完善可靠的平台。——译者注

为规模企业，最终取得超乎想象的成功的秘诀。当然，这需要优质的产品和良好的时机，但也需要一些其他因素，比如出色的领导力和强有力的、鼓舞人心的沟通方式。在贝尔纳和丹尼斯的努力下，博奥杰具备了上述所有优势条件，甚至更多。

初创企业

20世纪90年代是令人振奋的时代。网络公司如雨后春笋，互联网和软件企业的发展方兴未艾。对有编程技能和冒险精神的年轻工程师来说，前景似乎一片光明。那个时代与现在并无太大不同，只是更加狂热。两个睿智、热情的法国年轻人——丹尼斯·佩尔和贝尔纳·利奥托，一个是营销天才，另一个是分析工程师——悄然改变了商业决策的模式。现在，博奥杰是德国软件巨头思爱普（SAP）旗下一员，拥有85 000名员工。

创业初期，丹尼斯和贝尔纳共用一间办公室。他们是挚友，也是互补型的合作伙伴。他们同属“阿尔法型”领导者，给人的印象都是坚韧、强硬、善于分析。一次在礼堂召开的全员大会——彼时大约有50名员工，大部分是工程师，小部分是销售人员——展现了他们截然不同的沟通方式。贝尔纳擅长数据分析，喜欢用幻灯片展示预测业绩和预算，并可以条分缕析地梳理产品设计的每一个细节，包括其中涉及的逻辑、数据、策略。作为一名内向的工程师，他在工作中可以表现得自信、果断，但是他缺乏情感，完全是公事公办。多年来，我始终与他合作，对他进行培训。最终，他提升了自己讲故事的能力，也学会了饱含情感地与人沟通，但他始终是一个安静的人，在台上演讲时会显得有些局促不安。

丹尼斯是“阿尔法型”领导者，但在听众面前又是彻底的“贝塔型”领导者。作为科班出身的销售人员，他有着解读听众想法的强大能力。他知道，要使一个团队产生凝聚力，不是要提交数据或者朗读幻灯片上的要点，而是要协调团队的内部沟通。他能将事先准备好的评语自然而然地说出来，就像即兴点评（其实不是）。他总能鼓舞人心，因为他经常在演讲的开头提及一段逸闻趣事，即他在创业之初就公司发展设立的个人目标；结尾时，他总会向听众发出倡议：“朋友们，是时候创立我们法国自己的‘硅谷’了……只要携手努力，我们就能将梦想变为现实。”这也难怪十年后，丹尼斯卖掉博奥杰的股份不久就转身做起了政治家。

丹尼斯用他的风采和激情将他的员工紧密团结在一起。每次演讲时他都提醒他们，博奥杰不仅是一家软件公司，也是一家特殊的俱乐部，聚集了法国最优秀、最睿智的人，这些人将要从硅谷分一杯羹。

为什么沟通如此重要

任何人都可以通过学习获得丹尼斯与生俱来的特质：沟通的

本质在于情感的联结。不管是一条推特（Twitter）、一条短信还是一封邮件，人们在意的是其中传递的感受。良好的沟通可以促使人们采取行动——有时哪怕这违背他们的最佳利益。近年来，我们已经了解到特定的语言模式如何影响大脑的杏仁核（大脑的情绪控制区）和前额皮质（大脑的理性控制区）之间的关联。

亚利桑那州立大学的拉塞尔·冈纳林（Russell Gonnering）和朱莉·莱因（Julie Lein）研究了大脑对特定的政治演说、广告以及他们所称的“表演诗歌”所做出的反应。他们发现，好记的短语、高亢的音调、单音节的词语、诗歌一般的形式（如头韵和尾韵）影响着大脑的边缘系统，使信息能够更快地传递至前额皮质。换句话说，我们不仅会被“甜言蜜语”“迷惑”，也会陶醉在侃侃而谈的演说家的声音中。这类研究提供了相应的证据来支撑大多数培训师一直都知道的事实：领导者展现自我的方式、沟通的方式，以及他的意图、语气、语调有多么重要。

沟通的神经科学

使用更具叙事性的方法与报告事实或设定目标完全不相斥。但是，要想用目标来激励如今的职场人士，就必须使他们感受到自己与新计划或新业务背后的目的之间的个人联系。意向性的沟通并非只能二选一。优秀的沟通者仍然会为了销量和收入的增长、客户维系等事项制订计划，预测可能性。然而，他们还会加入“为什么”：从激情、愿景到更为广泛的背景和意义，再到目标和计划，最后回归于核心的本质因素，即为什么这件事对他们来说很重要，为什么这件事对别人来说也应该很重要。要想将策略性沟通转变成鼓励性沟通，第一步是要讲述个人故事，第二步是要从情感上与听众产生联结。

短短几年间，神经科学在理解大脑如何处理情绪上取得了长足进展，但大部分原因依然成谜。我们为什么会有情绪，我们为什么会超越生存本能去意识到情绪的存在，都还是个谜。我们只知道，控制情绪的杏仁核位于（处理理性思维的）大脑前额皮质的后面和基底神经节的前面。基底神经节又称“爬虫脑”，它决定了我们的核心直觉。对脑部扫描和激素水平（特别是皮质醇、多巴胺和催产素）的研究表明，强烈的情绪——无论是积极的还是消极的——都会刺激大脑，而这些情绪也受到多种信号的影响。我们在上一章谈到，情绪传递的过程很复杂，涉及五种感觉：语言、语气、亲近程度、面部表情和肢体动作、说话者本身的仪态。

当我们考虑有效沟通的时候，我们如何与他人建立联结至关重要。请记住，婴儿时期的我们早在学会说话之前就具备了与照顾我们的人进行沟通的能力。大脑的杏仁核通过所谓的镜像神经元发展出这种沟通的感觉，利用的要么是积极情感，比如安全感、归属感和爱，要么是负面情绪，包括不安感、断绝感和孤独感。杏仁核中的细胞网络优先对面部表情、触觉、语气和其他刺激产生反应，而对语言的反应则稍微迟缓一些。作为坐在会议室中的成年人，我们也会在老板开口告诉我们最新战略计划之前以情绪共鸣或情绪失调的方式予以回应。我们相信这个人吗？我们感到安全吗？这种类型的反馈总是在内心深处运作，驱动着我们对讲话者产生相应的感受。

想一想婴儿的发育过程，你会发现讲故事比事实和数字更能引发情感共鸣。事实上，在过去的数千年里，无论是谈论大脑的神经发育还是我们作为一个物种的起源，人类是一直聚集在一起分享故事的。从本质来说，商业组织无非是基于共同的归属感隐匿在办公楼中或者通过虚拟网络连接的部族聚落——故事便是它们的黏合剂。

任何成功的公司，其文化核心都是它的起源故事：可能起初是“车库中的几个人”，在一遍遍地重复讲述之后，随着时间的推移，这个故事会产生一种神话般的力量，日益变得清晰、富有色彩和细节。丹尼斯深谙此道，在公司的整个发展过程中，他每进一步都会回溯创业之初的情形。故事逐渐呈现自有的生命力。无论是明显如此还是假设的情况，激励人们在愿景的指引下采取行动的做法始终与一段共同的历史、原因或运动相联系。它就存在于我们的基因中。

从“阿尔法型”到“贝塔型”再到“阿尔法型”

要了解我们是不是好的沟通者并非易事。你可能会从上司、同事、下属那里得到一些有益的反馈，但重要的是你得深入地思考，特别是如果这些评价比较泛化，比如“南希的沟通技巧挺好的，很专业、很清晰”。这类评价仅仅是一个开端，并没能深入了解你的独特优势或发展机遇。如果你想做一名成功的沟通者，你需要知道他人是如何接收你的仪态、语气、语速所释放的信号的。

前馈能带来一些帮助。不要向你的雇员或者上司询问反馈意见，找一位信得过的同事，请他指出你在专业场合的沟通中有哪个方面可以做得更好。不要问他们觉得你“好”还是“不好”的方面，你应该只关注如何才能进步。

另一个不错的方法是想想那些特别擅长讲述个人故事、与听众产生联结、鼓励他人采取行动的人。想想他们在细节上是怎么做的：他们用了什么样的语言、故事、幽默感、玩笑话？他们的肢体语言有什么特别之处？他们的语气、语速是什么样的？他们用了哪种动作和面部表情？

更加具体的细节有：他们的身体处在什么位置？他们是站着不动还是四处走动？他们的手是怎么放的？眼神交流又如何？他们何时、何地、如何看向观众？他们的眼神是否热切？如果要向他们提出建议，你会说什么？他们是怎样开始和结束演讲的？为什么你会认为他们很厉害？你会怎样模仿他们？

越是深入地思考那些善于沟通的人所使用的方式，你能学到的就越多。我记得有一次我碰巧遇到丹尼斯在给员工通报最新情况之前排练的过程。当真正的演讲到达白热化阶段时，他能够脱稿，即兴提及一位客户或者一段过去取得成功的故事，但这是因为他已经反复演练过自己想要传递的核心信息，所以他可以在演讲时表现得舒适、平静、自然。

你如果已经做了前文的领导力灵活度自测，就会知道自己的风格是倾向于“阿尔法型”（重视数据和事实，擅长分析）还是“贝塔型”（擅长叙事，情绪饱满，重视目标）。如果你在“阿尔法型”方面表现得更强一些，千万别失望！“阿尔法型”领导者表现的特质也是重要的沟通技能。我已经说过，这不是一个必须二选一的议题。请记住，丹尼斯的天赋在于能够灵活地在“阿尔法型”和“贝塔型”两种模式间切换。他并不总是滔滔不绝地直抒胸臆，但他知道该怎么做、该在什么时机做。如果你是一位侧重分析的沟通者，你可以试着想想如何通过图片和比喻使你的情感更加饱满。

让我们近距离地观察一位非常成功的领导者，看看她如何通过“贝塔型”特质强化她的沟通风格。然后，我们将直接来到另一个极端，假设存在一种鲜有的情况：一位出色的“贝塔型”沟通者将“贝塔型”特质发挥到极致，做得太过了。看看你自己是否符合这两个例子中的任何一个。想想他们受过的培训，思考哪些方面帮助提升了他们的影响力。牢记这些内容，你就能培训你自己了！

处境尴尬的“阿尔法型”领导者

没人会认为苏珊娜是“壁花”[①]。她身高5.5英尺[②]，自信坚定，精力充沛，是美国中西部一家知名学术型医院重症监护科的负责人，管理着数十名主治医生、麻醉师和重症监护医生。她已经取得了女性在医学界少有的成就，达到了部门主管的级别（只有14% 的医院高管是女性）。苏珊娜拥有多项研究和医护奖项，是一名杰出科学家和知名医生。我与她密切合作，为她的团队领导者实施了领导力培训计划。所有参训人员都非常敬重她，也自愿接受她的领导，他们虽然有时候不太赞成她粗犷的风格，但还是喜欢她这个人。

然而，当我有次为了观察她的工作状况参加她的部门例会时，我震惊地发现整个会议室有一半的座位是空的。大家都去哪里了？我知道苏珊娜的部门有超过60名外科医生，还有至少60名护士和技术人员，我也知道这次月度例会是苏珊娜每月唯一一次通报有关部门总体情况的会议，涉及诸如薪酬、福利、工作时长、新员工、部门的财务状况等信息，每一项都直接关系到下属们的工作。按理来说，这类会议不应该被忽视——关键是她还准备了晚餐和红酒！大家到底都去哪里了？

当她现身，开始她单调冗长的独白，反复强调着她的重点

---

① 壁花（wallflower），指不善社交的人。——译者注

② 5.5 英尺约合 1.68 米。——译者注

时，个中原因就一目了然了。等她讲完后进入提问环节，会议室里有 3/4 的座位都空了。对于留下来的部分同事提出的问题，她积极地予以回应。但在一个几乎空荡荡的房间里，她说话自然与否对我来说毫无参考价值。

苏珊娜自己也痛苦地意识到了她的会议缺乏参与度。当我在和她的后续会面中提到这一点时，她承认在公开场合发表讲话是她的“阿喀琉斯之踵”，她对此非常厌恶。受训于世界顶尖的高校，她很清楚参与度高的演讲是什么样的，但即使是在自己的团队面前，她仍然怯场和感到焦虑，陷入被内行称为“夺命幻灯片”（DPP，全称为 Death by PowerPoint）的“绝境”。她和我们其他人一样对现场演说感到头疼，所以早就放弃了提升自己的现场表现力，转而关注她最擅长的事项——数据。她告诉自己，她的目标在于传递信息，在这一点上她做得很成功。当然，成功也是相对的，部门里一半的人要么缺席例会，要么半途退场，这种情况恐怕很难算是成功。当我委婉地向她提出这一点时，她也表示了赞同：“但我能做什么呢？我又不擅长现场演说。我是个科学家，不是个演员。我的下属们就得接受我现在这个样子。”

“你说的都对，”我对她的说法表示赞同，“但是，你在一对一的交流时展现了翩翩风度。所以你在团队面前没有理由不表现得更好啊。”

从那一刻起，我和苏珊娜便开始探索她的故事脉络。我请她分享一两个关于她如何和为何选择做一名重症监护医生的故事。

她的故事把我感动得潸然泪下。她帮助过一位濒死的女祭司，让她的家人都聚集在她的床边，又悄悄布置了一些香蜡和音乐，让他们在病人生命的最后几个小时里体验了一场神圣的宗教仪式。在接受医护培训的初期，苏珊娜就已经意识到，与重症患者打交道的工作虽然异常艰难，却也令人欣慰。

我听她描述与病患之间的深层情感联结，以及她在研究尽可能地使患者最痛苦、也许是最后的时刻变得可以忍受的重症监护过程及伦理时感受到的兴奋，这位杰出女性的真实人性渐渐浮出水面。我告诉她："在之前的会议上，让我惊讶的是你老在讲公事，但很明显你关心的并不只是那些公对公的业务。你为什么不和团队分享一两个你与患者之间的暖心故事呢？"

"啊，"她叹了口气，"医生可是一群愤世嫉俗的人，杰弗里。他们肯定听过这些，甚至自己也可能这么做过。我不确定他们是否想听我抒发情感。"她说得不无道理，但我并不认可。医生们可能经历过这些，但在我看来，当听到上司不光是在办公室里和数字打交道，也在必要的时候和病患有实打实的接触时，他们仍然会受到鼓舞。说到这里，她从办公桌里取出了一张合影，上面是一群人蜷在一张病床上。"这个家庭太棒了。"她说，"我拍完这张照片不久，患者就安静地离世了……"她的声音越来越轻。

我建议苏珊娜在演说的时候做出两个小小的改变。第一，以一个小故事开头，讲述为什么她保持着对工作的热爱。再分享一份有关患者的视觉资料，比如一张图片，也许图片中的人已经康复了，也许她在图中患者最艰难的时刻帮助过他的家庭。第二，结尾的时候再次提及开头展示的图片，请团队成员分享一个自己的故事，以此回答：“为什么我们要做我们在做的事？”以故事开始，以故事结尾。但这个故事不是随随便便的某个故事——这个故事要将你和你的工作关联起来，体现你最在意的事物，也易于被分享给他人。我向她保证，如果听众能感受到自身与她讲述的事实、数据之间有某种关联，那么他们就更有可能听完她的演讲。她的任务就是在演讲台上更多地呈现自我——有血有肉、有情有义。

到这里你可能已经猜出了故事的结尾——我的方法奏效了。苏珊娜的例会参与度直线上升——讽刺的是，她在例会上讲的基本信息点并没有改变多少（我还是建议她尽量多关注听众，不要将注意力过多地放在自己的“要点”上）。

如果你的经历与苏珊娜的有相似之处，以下是一些简单的行动指南：

（1）以一个故事开始你的演讲，将这个故事与你从事这项事业的原因（和你的听众）联系起来。苏珊娜经常请团队成员分享他们自己的故事，以确保会上讲述的故事不会总是和她一个人有关。

（2）使用一些辅助工具——如视频、图片、音乐——来提升故事的吸引力，比如患者写给苏珊娜团队某成员的一封感谢信。

（3）以另一个故事结尾。这也许是一个关于可能性的故事，比如对未来的期望。苏珊娜分享了自己的心愿：希望建立更多以家庭为导向的重症监护室，涉及美学、配套基础设施、建筑、设计等方面。

做紧扣主题的“贝塔型”领导者

一件好事，如果做得太过了会怎么样呢？如果你过度沟通，分享了太多感人的故事，表露了太多的情感，会如何呢？

我偶尔会去培训一些在领导力测试中高度呈现“贝塔型”特点的领导者，这些人通常以“信手拈来”“伶牙俐齿”著称，布兰登就是如此。他是一名项目经理，他的上司希望他能够更加（引用上司的原话来说）“庄重”一点。他最近搞砸了一场向高管推广产品的演讲。

布兰登离成为一家跨国制药公司的高级副总裁只有一步之遥。在经典的 360 度反馈测评中，他的同事和上司都认为他是一名优秀的经理，也是一名称职的培训师，一名富有感染力的沟通者，但有时候他开玩笑开过了头，过度临场发挥，这使得公司的高层们担心他不能紧跟工作进度，或者在高压状态下会表现得不太靠谱。反馈意见很能说明问题：“布兰登是一位杰出的经理，他对产品和下属了如指掌，但他太喜欢‘脱稿’了，常用逸闻趣事或长篇大论回应同事们提出的严肃问题——他的说辞很有意思，但都不在点子上。布兰登需要明白什么时候应该紧扣主题，坚持用事实说话。”

作为高管，布兰登在很多方面都堪称一流，他性格外向、友善和蔼、思维开放，也善于讲述故事。他成长于苏格兰一座小城的工薪阶层家庭，不得不从小就学会照顾自己。他将精力释放在了橄榄球运动上。他很早就懂得如何用幽默的故事化解愤怒和危机——特别是在面对他父亲的时候。这种技能很好地帮助了他在企业晋升体系内行稳致远——直到某天开始事与愿违。

布兰登很清楚，他试图讨好他人的行事风格给自己惹了麻烦。虽然讲故事的本能激发了他内心的情绪，反过来也激励着他人，但是他意识到幽默和即兴发挥也有局限性，特别是在价值数百万美元的产品上线推广的时候。我们开始合作后，他决心检查并改变这种（用他的话来说）“放飞自我”的方式。

“这很讽刺，我的问题竟然是太喜欢演讲了。”他说，“我喜欢和我的团队交流，给大家鼓劲，激励大家完成目标。我觉得日常工作很无聊，所以，当我把大家召集到一起，分享关于我们取得成就的故事或者鼓励大家共同努力应对挑战时，我才真正觉得工作是有趣的。可能我应该去讲单口相声，而不是研发药品！”

为了实现自我培训，他想出了一个游戏计划。在下一次给高管们演讲之前，他承诺做到以下几点。第一，简化信息。关注几个关键点，传播受众需要听到的信息；分享一个个人故事，前提是这个故事对他的工作有启示。第二，贴近事实。向那些学科背景深厚、尊重数据的同事学习。第三，适度控制幽默感。布兰登永远不会成为仅关注要点的斯多葛式演讲者，但他开始明白，最好少说一点儿玩笑话，以免损害自己的可信度。

在培训的最后，他说："我天生就喜欢让事情变得轻快些。科学家和金融人士往往把自己看得太重。但是我现在明白了，作为一名领导者，幽默必须给我做加法，而不是减法。但是，杰弗里，我还是我：我永远都想逗乐他们。"当然，说到这里，我们俩都笑了。

▶ 快速训练：从"阿尔法型"到"贝塔型"

（1）**让演讲变得个性化。**什么是你的"为什么"？花点儿时间阐释这次的演讲是如何与你的故事、你的愿景和你的梦想产生关联的。如果你不太确定，就请拿出笔记本，以五年为单位回顾你的过去，写下每个时期的高潮和低谷。问问你自己："这些关键的时刻如何塑造了今天的我？"

（2）**了解你的受众。**什么是他们的"为什么"？想一想你的受众都是谁，他们最想从你身上学到什么。他们来听你演讲的目的是什么？他们为什么关心你的工作？你如何激励他们付诸行动？

（3）**善用图片。**使你的演讲视觉化。尽可能使用图像语言，它可以是实际的图片——一张照片、一幅漫画，也可以是图表，或者一个带有寓言、诗歌、歌曲的故事。

▶ 快速训练：从“贝塔型”到“阿尔法型”

（1）**明确要点。**在开始时就想好如何收尾。你的受众关注哪些基本信息？对话和故事都是建立联结的好方法，但你无论有多少难忘的逸事想要分享，都应给自己限定最多五个要点。

（2）**紧扣主题。**不要脱离演讲稿。如果你有离题的倾向，那就立刻进入头脑风暴模式，或者把你的想法说出来，写下你的要点，记住它们。你可以请观众席中的一位朋友坐到前排，充当你的计时器，以确保你的演讲始终切题。

（3）**一个故事，多条信息。**选最好的故事。俗话说，“少即是多”。一个将你的讲话要点和你的愿景——也就是你的“为什么”——联结起来的个人故事就是最好的故事。

（4）**适度控制幽默感。**关注你的幽默感。评估你自己通常使用幽默感的方式：你会讲趣事吗？玩笑呢？你喜欢挖苦讽刺吗？这些做法都很有效，但也可能分散听众的注意力。可以使用前馈的方式，从你信任的人那里了解哪些最有效的手段可以帮助你实现你的目标。

第二部分

情绪领导力：个人感受的力量

第五章
房间里的大象

约瑟夫说："如果你能让瑞秋稍微不那么情绪化，我会很感动的。你在与她和迈克尔的会面中也看到了，她让人感觉非常紧张。她激烈地维护下属，这很好，但是她的论点不成熟、太夸张，导致每个团队成员都进入戒备状态。"约瑟夫是一支工程团队的高级领导，他正尝试让团队中的两名项目经理"和平共处"、资源共享。我都记不清有多少个男性高级主管提出这样的要求了：只要让她（绝大多数情况下是"她"）别那么情绪化，一切就都会好起来的。

每一位领导者都需要了解自己的感受，知道如何、何时表达情绪，当然，也要对他们的反应如何影响到他人保持敏感。但问题是：在约瑟夫提到的那次会面中，恰恰是在他希望我帮助迈克尔和瑞秋实现友好合作的环节中，我注意到迈克尔才是情绪化的那一方。他的观点强而有力，充满自信，但又缺乏深思熟虑，完全是固执己见，他通过坚持己见来达到自己的目的，保护"他的人"。最重要的是，当最后所谓的"妥协"明显对他有利时，他会起身穿过房间，给还没回过神的瑞秋一个大大的拥抱。为了不让我尴尬，瑞秋只是翻了个白眼，什么也没说。我一连好几个小时都在思考这个问题。在工作会议上拥抱一位女同事，这种行为很可能被认定为骚扰，也会将迈克尔和约瑟夫置于不利境地。但我敢肯定，如果会议室里都是男性，应该不太可能出现拥抱的场景。

约瑟夫尊重他这两位爱将，但他明显偏爱迈克尔，估计也没有注意到迈克尔的情绪化（或拥抱的行为）。而瑞秋热情又冷静，却被认为情感过度外露。遗憾的是，这种充满偏见的观念在全美国盛行。双重标准和“女性‘情绪化’、男性‘有决断力’”这种无意识偏见大行其道，随着女性领导角色的日益增加而加剧。

信不信由你：近期一项调查发现，超过 600 名高管认为女性在“战略计划”“做出决策”“委托代表”等能力上稍逊一筹，因为她们呈现了“女性化”（实际含义：情绪化）的风格。[1] 而受访者中有 50% 都是女性！事实上，对女性最为苛刻的往往就是女性（调查对象们所说的并非专指女性，工作风格较为“女性化”的男性也会被认为效率不高）。好在现在的多样性项目和领导力培训计划越来越重视减少职场性别偏见及骚扰的相关意识的提升。涉及名人和政治领袖的性骚扰丑闻使得这一持续了几十乃至上百年的不道德行为公之于众。改变正在发生——也早该发生。

为什么这一点很重要？简而言之，因为我们都是情绪动物。每当矛盾发生时，情绪就是“房间里的大象”①。如何理解我们看

---

① 房间里的大象，指显而易见却又被忽视的事物。——译者注

待同事的方式取决于回应的价值和影响。在向后英雄主义领导力发展的过程中，情商不仅得到了认知，也被视为增进工作效能的关键因素。但即便如此，在高管阶层，情绪仍是不受欢迎的对象。我鼓励我的女性客户（以及倾向于以情绪驱动领导力的男性客户）敏锐地察觉到他们面临的偏见，并且制定相应的策略来应对他人的看法。这意味着你并不需要隐藏自己的感受，而是要注意如何在不同的语境下将其表达出来。当“情绪的大象”把控了局面，诀窍有三：认清你的情绪；试着用语言和非语言表达情绪；对他人如何解读你的情绪保持敏感。接下来的两章将告诉你如何做到以上三点。

在进入“如何做”的环节之前，我们先一起来检验基于科学提升客户情商的框架。在过去的二十年中，有大量针对思维过程和情绪过程相互作用的研究。人生在世，我们每个人都会经历这些过程和它们之间的相互作用。随着人们在情绪生理学和神经回路方面的认知日益加深，能够帮助人们理解并掌控情绪的工具变得更加有效。让我们共同来探讨我用来构建有时候可能是“雷区”的三大理论基础：戈尔曼和巴昂的情商模型；无意识偏见的四个主要类别；自我决定理论和SCARF模型。

20世纪90年代中期，“情商”一词随着丹尼尔·戈尔曼的同名书的出版进入大众视野，逐渐被广泛使用。但早在20世纪80年代初期，鲁文·巴昂（Reuven Bar-On）、约翰·梅耶（John Mayer）、彼得·沙洛维（Peter Salovey）等心理学家就展开了相关研究，评估大脑处理和控制情绪的能力。在某种程度上，戈尔曼的工作使情绪重新进入了一种对人类情感感到不适的文化，但这种文化也开始认识到，以“逻辑”的名义做出的大多数重大决定仍然带有强烈的情绪元素。

讽刺的是，从20世纪早期到20世纪七八十年代，领导力一直侧重于分析能力。出色的人格魅力、外向型性格等特质都得到了认可，但情商却被排除在外。人们认为这些特质与情商不可兼备，要么具备其一，要么就都不具备。好在随着官僚作风的“经理人”逐渐退出历史舞台，出现了比尔·盖茨、乔布斯等重视创造力和灵感的新型企业家，心理学家开始认识到，富有魅力地行事和带着情感沟通是任何人都能培养的能力。

很不幸，通常情况下，我们仍然认为智商和情商是分开的（即便是“智商”本身的价值也颇具争议）。也许有一天，我们会对人类意识的整体本质有更深刻的理解，神经网络研究也正在朝着这个方向努力。可喜的是，戈尔曼、巴昂等人的工作已将情绪的价值重新纳入了研究范围。有时候，它们才是最重要的因素。

自我意识的回归：这一次，带着感受

我们曾用自我意识来评估对好奇心、倾听、“受指令驱动的行为vs受共识驱动的行为”的认知方式，丹尼尔·戈尔曼的框架也始于自我意识。不同之处在于戈尔曼关注了我们的情绪状

态——我们有多清楚我们自身的反应及其对他人的影响。通过观察自己，我们可以清楚地说出在任何特定时刻使我们感到沮丧或激励我们的事物，但这种做法几乎与我们的文化背道而驰（在这个人人自拍的时代，这真是相当具有讽刺意味）。然而，利己主义和自我认识之间有巨大的区别。通常情况下，评判他人比认识自己、承认自己的感受——无论是好的、坏的还是中立的——以及管理容易失控的情绪容易得多。

戈尔曼的框架将情商分为两大类，分别聚焦于内在和外在：自我意识和情绪管理；社会意识和与他人的互动方式管理。也就是说，要成为一名高效的领导者，我们必须能够定义和表达本性中的感受，也要能够理解和回应他人的感受。

让我们从四个问题开始：

（1）**自我意识**。在情绪和倾向产生时，你能否准确地识别它们？

（2）**社会意识**。当你与他人互动时，你能否准确识别他人的情绪和倾向？

（3）**自我管理**。你能否管理自己的情绪和行为，并使其带来积极的结果？

（4）**关系管理**。你能否建设性地管理与他人的任何互动关系，并使其带来积极的结果？

想法和感受，再次携手

以色列心理学家鲁文·巴昂开发的模型被称为情商量表 2.0（EQ-i 2.0），它认为情商代表了直接影响行为的情绪能力与社会能力的结合。[2] 巴昂的理论框架中尤其富有洞见性的是，它几乎瓦解了我们对认知和情绪的传统理解，通过将智力过程和情感过程重新编织在一起来识别它们彼此的价值，以及它们在决策制定、矛盾处理、团队建设等领导力动态中如何相互依存。巴昂承认，当涉及我们承受压力、判断现实和解决问题的能力时，情绪与成功直接相关。最棒的是它开始打破隔离智商与情商的“假墙”——这堵墙从柏拉图时代起就一直存在。针对超过全球 20 万名高管的研究表明，虽然情商量表 2.0 测评中的每一个维度都非常重要，但以下五个特质反复出现在了高效的领导者身上。

（1）**自我尊重。**准确评价自身的能力能够使我们接纳和尊重自己。尊重自己意味着我们喜欢现在的自己——包括所有好的、坏的和介于两者之间的方面。

（2）**情绪的自我意识。**承认并辨别情绪的能力。

（3）**自信 / 情绪的自我表达。**表达感受和信念，并以非破坏性的方式捍卫权利的能力。

（4）**同理心。**敏锐感知他人有何感受及为何有这样的感受。

具备同理心意味着有能力从情绪上解读他人，即注意到情绪上的提示和线索。

（5）**解决问题。**这项能力与判断现实的能力和灵活度一起，构成了适应性（或者适者生存原则）的“三驾马车”。解决问题意味着能够识别和定义工作和生活中的“绊脚石”并实施有效的解决方案。

最值得注意的是，上述五个特质不仅仅包括我们所认为的情绪过程。高效的领导者能够将我们如何思考自己的感受与如何感受自己的思想联系起来。情商量表 2.0 测评有助于我们理解领导者如何娴熟地处理他们觉得与自身相关或为之付出了热情的障碍，并承认我们几乎不可能不带有任何情感、完全心平气和地面对问题。你可以开展你喜欢的所有类型的数据分析，但如果老板不信任你，那么你的解决方案最终如何落地将取决于情绪，而不是逻辑。

也许，这项测评更有用的是它侧重于你可以采取的实际行动。仅仅知道你需要提升情商并不是很有帮助。事实上，当你知道自己缺乏同理心或者需要变得更加敏感时，这可能反而会带来负面效果：你该如何处理这些信息？你是否会觉得自己很糟糕？自我意识是核心，但采取实际行动提升情商才是关键。让我们来看一些关于成长机会的真实案例和一些有用的行动步骤。

自我批评的萨莉

我们都知道，自我批评能使我们保持谦卑，认清现实，控制自我。当内心的声音引导你变得更加自律并保持更高的标准时，它就对你的心理产生了积极的作用。但如果它总是严厉又挑剔，你就可能会感觉受到了它的贬低或妨碍。我的客户萨莉在情商量表测评的自我尊重项得了较低的分数，我问她，这项测评是否准确地反映了她对自己的认识。

萨莉是一家电子商务初创企业的市场经理，她能力出色，备受同事的喜爱和尊敬。但是，在培训期间她透露，她经常有不安全感，用她的话说，似乎她脑中有一盘长时间播放的磁带一直在质疑她的工作水平。长期以来，她都与自身能力不足的想法做着斗争，也通过努力工作来呈现自信的一面，借此压制自我怀疑的一面。问题是，这让她筋疲力尽。

和其他自我尊重项得分较低的人一样，通常情况下，萨莉对她的下属还不错。她会通过与基层员工往来和对他们进行监管来克服内心的自我怀疑，进而强化自身的效能感。她和同事相处得还算愉快。当她不得不与上级打交道时，她内心自我批评的声音就减弱了。她很难向上级主管汇报工作，也很难处理与老板的意见分歧，或者在聊天中公开谈论自己的未来。她非常清楚，这可能会阻碍她的发展，但将其视为她情商培养之路的一部分，也算是一种启发，而且她还没有想过要采取什么措施来克服或减轻这种内心活动的影响（除了用心理治疗来挖掘她的童年创伤）。当我向她分享了可能有助于她建立自信的做法后，她表示愿意尝试。

（1）列举出自己的优点，并请至少五个人参与讨论。

（2）选择其中一个优点，制订好好利用它的行动计划。

（3）思考更高级别的自我尊重。如果你拥有更强的自尊心，会有何不同？

（4）养成每日感恩的习惯。研究表明，对生活中的具体方面积极表达感恩的人会有更加阳光的心态。

迷失的拉里

当我和拉里讨论他的情商量表测评结果时，我知道整个训练对他而言都是一项挑战。拉里是一名软件工程师，他性格内向，不太擅长夸张的表达方式，不管是积极的还是消极的。事实上，稳重的行事风格正是他受到提拔的原因之一。一方面，大家都认为他能够始终保持冷静，他也因此享有可靠的“企业公民”的美誉。另一方面，他虽然渴望担任领导角色，却在听到自己可能因为无法准确描述自身感受而面临问题时并不感到意外。他的用意可能很难得到理解，甚至很容易被他人误解，认为他迟钝又乏味。也许，最重要的是他发现他很难理解自己，具体表现为他必须事先“思考”他的感受，才能将其轻松地表达出来。

情绪的自我意识和自我表达在情商量表测评中同时存在的原因在于，前者与后者本就相互渗透。正如你所能想象到的，能够清楚地表达自身感受是识别他人情绪变化的起点。拉里坦言，他在担任领导角色时面临的挑战之一就是他对一些团队成员感到不满，正如他所说的那样，他们“有点儿浮夸”。我将其理解为：他对自我感受的不适导致了他对其他表露感受的人的不适。和萨莉一样，拉里的起点也是认识到他的情商短板可能会阻碍自己的成功，然后切实付诸行动来提升情绪能力。

对任何挣扎于特定时刻的自我感受的人来说，关键是要扩展词汇量。以下步骤可以帮助你提高情绪的自我意识。

（1）记录你的心情。每天坚持花几分钟写下你当天情绪的起落。你越是能把感受诉诸笔端，便越能自如地接纳自己的感受。

（2）建立一个词库，持续扩展描述感受的词汇量。从使用“高兴”“难过”“沮丧”等词语到使用更加微妙的表达，如“喜悦”“忧郁”“触动”“恼怒”“愉快”“失望”“悲伤”“哀恸”“活力四射”“暴怒”等。

（3）记录你最富有成效时的感受。是什么触发了这种状态？承诺每天做一件激发自己的热忱和使自己专注的事。

（4）试着询问他人的感受，而不只是问他们在做什么。然后，提出探索性的问题：“您对这项决定的本能反应是什么？”“您对这种情形的情绪反应是什么？”

“老好人”菲尔

作为一家大型非营利机构的首席执行官，菲尔能力出众，同事们都很尊敬他。他时常调解销售、财务和商业策略团队之间的矛盾。用他的话来说：“我做这个调解员并没有什么特别之处，因为有些职能部门之间存在天然的紧张关系。”事实上，正是由于享有“外交官”的美誉，他才能够迅速地从一名会计事务员升任为财务经理，并最终成为首席执行官。

菲尔在各个情商维度的得分都很高——他在同理心、情绪意识、自我表达、人际交往技能等方面都很强，但在自信和魄力上稍有欠缺。他告诉我：“这不是意外，我常常觉得很难为自己说话。多年来，老板一直告诉我，我需要负起管理团队的责任并对下属提出要求，但说实话，这与我职业生涯的发展方式相悖。我担心，如果我给同事的印象太过强势或自吹自擂，那就可能会让他们失望。”

此时，我们可以看到一名非常成功的高情商领导者面临的困境，他在职业发展过程中恰恰受到了强项的限制。菲尔的问题是：如何在恰当的时候表现得更加自信，同时仍然保持自己的外交风度和学院气质？这些能力是否相互排斥？

我帮助菲尔尝试刻意坚持更强硬的立场，大声地表达观点，并唤醒他内心的“阿尔法型”特质。有时候，这种做法看似很冒险，但他不会有什么实质上的损失。而且，如果他的同事注意到他的变化，他也能坦诚地承认他想要成长为一名领导者，从而平息大家的议论。

以下是菲尔采取的举措。

（1）确定容忍界线。在什么时候你即使不同意也会做出让步？在什么时候你会因为向他人的需求屈服而感到后悔或失望？你容忍了哪些本不该容忍的？

（2）列举使你封闭自我的触发点。它们可能是：

- 缺乏与讨论主题相关的专业知识。
- 更高级别的领导在场。
- 缺乏信念。
- 遇到了个性很强的人。
- 害怕让他人失望或烦恼。

（3）练习自信的肢体语言。比如，注意你的姿态（要坐直），在说话时身体向听众倾斜，保持眼神交流。

（4）描述一个你表现得很自信的场景。想一想是哪些因素在起作用？列出这些因素，并在不同的场合反复练习。哪些举动让你不太舒服或者没那么奏效？

当我与采用情商量表 2.0 的团队合作时，我都会请他们做个简单的测试：通读列于第 90~91 页的 5 个维度，按照 1 至 5 的等级评估自己，1 代表你还需要在这个领域多加努力，5 代表你在这一项上已经非常强。最好将这个列表展示给你信任的同事或朋友，请他们也按照 1 至 5 的等级对你进行测评。我请我的客户们先自测，再看他们的实际测评结果，通常差别不大，这很好地说明我们都已经了解自身的弱点。如果你不太确定从哪里开始，那就先看看自己最强的部分（也就是得分最高的部分），列出你为了强化积极效果做出的特殊行为。构建情商的关键在于利用好你的强项，同时愿意承认自己的弱项并开始改变。

捷径与短路

诺贝尔经济学奖得主、心理学家、普林斯顿大学教授丹尼尔·卡尼曼（Daniel Kahneman）在他的畅销书《思考，快与慢》（*Thinking Fast and Slow*）中解释道，我们的决策过程有两种模式：自发的和蓄意的。他创造了“系统一”和“系统二”这两个术语来描述认知过程的设计方式——将重复的决策程序化，使我们几乎忽略这个过程的发生，从而将大脑所需的能量最大化。试想你正在开一辆车（系统一——一套我们很难注意到的极为复杂的瞬间判断），同时还在做一个艰难的决定（系统二）。这种“裂脑动态”（split-brain dynamic）有助于解释为什么我们可以轻易地“自动驾驶”，特别是针对习惯性的活动和思维：为了节省能量。

卡尼曼的理论正在快速取代此前我们一直接受的观念，即我们的大脑是以左右分工的方式运作的。科学家也逐渐开始同意，大脑构造很复杂，我们远不能将其简单地分为代表创意和直觉的“右脑”和代表理性的“左脑”。[3]

但是，卡尼曼指出，系统一专注效率和节省能量也有其弊端：即使是计划好的捷径也可能导致出现短路、盲点和错误的推理。令人惊讶的是，原本由系统二关注的选项成了系统一的关注对象，这个过程迅速地程序化，而且大脑为了节省能量和保护我们免受危险，将我们推向神经“高速路”上的“无人驾驶车”，最后这辆车被迫在认知死角停了下来。不管是“女性比男性更情绪化”，还是“他和我是校友，所以我们应该聘用他”，这类令人生厌的说辞都意味着刻板印象、粗略的概述、未经审查的观念和错误的决策。

让我们回头看看我的客户约瑟夫与他的两名直系下属迈克尔和瑞秋之间的交流。我告诉他，他对他们的评价受到了无意识性别偏见的影响，这让约瑟夫大吃一惊。当我请他定义何为他理解的“情绪化”举动，并指出他形容的如声调较高、肢体动作浮夸、脸红脖子粗、采用强硬的措辞等情形主要出现在迈克尔身上时，他很快清醒了过来。良药苦口，但当我告诉他，我时常提醒自己性别偏见和白人男性特权无处不在时，他更容易地接受了我的观点。

在我读研的某个学期中，大多数班级都有24名学生，一半男生，一半女生。有一天，一名女生宣称，她总觉得没有自由发言的机会，用她的话说，男生“主导了话语权”。一开始，我们这些男生都不承认，一致回应道：“我们没有抢夺话语权，你们可以随心所欲地发言！”然而，在几天后一次比较温和的辩论中，那位女生站了起来——整个辩论过程中她一直试图发出自己的声音。她分享了她搜集了数周的数据，分别记录了在课堂讨论中男生和女生的发言次数。差别令人震惊（起码对在场的男生来说）：大约70% 的男生参与了讨论，而女生仅占 30%。我为一开始的辩驳感到歉疚，也为助长了这种无意识的文化现象而羞愧难当。

确实如此，男性发言的次数确实多得多。我们以为我们的“男性说教”完全是无辜的，但是我们错了。那次令我蒙羞的个人经历使我有勇气在类似的情形下向权威人士说出真相，因为保持沉默只会强化错误的说法和成见。好在约瑟夫是一名富有洞见和同情心的领导者，他对之前的偏见表示懊悔，并重新考量了自己的判断。他还发誓，要将我在下文中列举的十种情形好好保存在钱包中，随时提醒自己。

你不知道自己不知道的是什么

当谈及无意识偏见或内隐偏见时，存在好坏两面。好的一面是，决策过程中的偏见正在吸引更多心理学家、行为经济学家和神经科学家的关注。他们开始意识到，即便是我们当中最具自我意识的人也常常会轻率地做出带有偏见的决定。坏的一面是，由于做出这些决定的驱动力是无意识的，很可能是基于遗传学、文化输入和童年影响的，所以，我们几乎不可能完全摆脱这些模式。我们能做的就是找到适当的方法来实时追踪自己的表现，并结合实践，在这些负面因素将我们引入歧途之前就找出并处理它们。

许多这种形式的偏见都相互关联并会结伴出现。神经领导力学院（NeuroLeadership Institute）的戴维·罗克（David Rock）与其他研究人员一起梳理了一份包含了常见偏见的长清单，并将其划分为几大类。在大多数情况下，这些思维和情绪的捷径往往被归为四个主要类别：

（1）**信息超载。**在当今这个信息泛滥的世界，我们在需要做出抉择时，往往会考虑太多因素。因此，我们的大脑要能够做到“把麦子从谷壳中挑选出来”，也就是迅速关注看似重要的数据。但是，“看似重要”正是问题所在。它往往是我们最熟悉的（“我有很多朋友都去了那所学校，所以它肯定是优质学校”）、与近期经历或个人经历相关的（“大众是最好的汽车品牌，我经常开大众车”）或很容易被同化和理解的内容。

（2）**信息匮乏。**有时候，我们根本没有获得足够的高质量信息来做出有效的决定。当叙事线索不足以形成全局画面时，我们的系统一——大脑的快速运作过程——便会基于过去的经验自动填补空白（“我有一次不得不在洛杉矶开车，所以现在我尽量避免在城市里开车”）。信息缺乏会以多种形式表现出来，包括进行错误关联，为了实现连续性而强行添加无关数据，以及联想熟悉的主题。

（3）**紧迫感。**如果时间是一个重要因素或我们感到情况紧急，则会出现第三种偏见。我们可能更希望不紧不慢地筛选所有数据，但在当今快节奏的商业环境中，这通常是不现实的。当时间至关重要时，领导者的行动能力通常会受到评估。我们倾向于跳过可能使我们失望或需要更多思虑的信息（“我们应该现在就签下这份合同，因为销售人员说这个价格只在今天午夜前有效。我们可以过后再细读合同条款”）。同样地，我们希望规避模糊性，追求清晰明确的情形（“两名候选人都是合格的，但我们就选斯蒂夫吧，我觉得阿玛拉齐这个名字好难发音”）。

（4）**一般性。**由于我们的大脑偏重效率而非准确性，第四个类别可能会误导我们任何人。卡尼曼指出，系统一的动机是尽量减少认知运动，据说这可以为即将到来的主要“敌人”储存“弹药”。我们推断出什么“感觉”是最相关的，并避免对具体情形或个人的独有特征进行更深入的分析——这可能节省了能量，但也需要付出代价（“我不会再去巴黎了。我的朋友在那里被抢劫过一次，所以，很遗憾，我认为那里不再安全”）。

当信息过多或者信息不足时，我们都需要迅速采取行动，或者会依赖于一般性。这时候，我们的大脑将驱使我们做出通常不是最优的决定。了解了这些认知雷区，领导者会做些什么呢?

所有研究人员都认为，找出自己的盲点几乎是不可能的。事实上，自我监管会导致一个悖论：你不知道自己不知道的是什么。尤其当你的清醒意识并不活跃，无意识偏见处于主导地位时，如果没有某种形式的反馈，你几乎不可能找出自己的盲点。另外，正如我所说，好消息是：在群体动态中，我们可以通过实践提升集体意识。

有个例子来自北美大陆的原住民沿用数千年的“议会方法”(council method)。智慧的部族领袖们可能并不理解无意识偏见这类概念，但是他们知道盲点、偏见、个人安排和政治对抗常常会妨碍人们做出能够影响整个社会的重大决策。在这些部族的议会中，无论什么时候需要做出重大决定，长老们——相当于现在的企业高管们——围坐在一起，每个人都扮演起他人的角色。长者可能扮成年轻人，母亲可能扮成族长，武士可能扮成医生。在这种扮演动态中，整个群体以广泛的视角倾听支持和反对某个决定的论点。这种横向思维比字面思维更能产生好的、偏见少的结果。

十大情形

以上述四个类别为出发点，我开发了一种你可以用来指导自己和团队避免无意识偏见的方法。清单中十大情形的主题是“随时存在的偏见”。每当同事们聚集在一起进行集体讨论或考虑重大决定时，我建议你们在会议结束前花几分钟充分讨论下面的清单，带着幽默和坦诚的态度问问自己，刚才是否遇到过以下情形。

信息超载

（1）**字面思维。**我们是否会忽视比喻和类比，仅按照字面含义获取数据，“只看到了事实”？我们有没有问过可能会遗漏什么？当我们探究这种情形时，我们是否采用了横向思维？

（2）**迷失（在森林中）。**我们是否“爱上了”自己的数据，或者我们看到大局了吗？我们是否为几棵树失去了一片森林？

（3）**掉以轻心。**我们是否沉溺在过多的信息中？我们是否因认为自己掌握了足够的信息而表现得漫不经心或不屑一顾，觉得不需要再对信息进行深入了解？我们是否只会选择我们“感觉”重要的事物和恰好出现在眼前的事物？

信息匮乏

（4）**随意关联。**我们是否会为了填补空白而将不同的故事随意关联起来？我们是否为了使自己的陈述合乎情理并使自己感觉良好，而编造了事实上毫无依据的关联？

（5）**虚掷光阴。**我们是否只关注那些现成的、最近的或者最易接收的信息，只因它们与我们已经掌握的知识相匹配？我们是否花时间审视了反面意见和数据？我们是否探索了问题的各个方面？

紧迫感 / 需要快速行动

（6）**向前冲。**我们是否因为急着向前冲而忽略了重要信息？我们是否做到了开门见山，直奔主题？

（7）**遗漏。**我们遗漏了什么人或什么事？在达成总目标的过程中，我们是否花时间确认了所有应该被包含在内的人和事都被考虑到？我们是包容的还是排他的？

一般性

（8）**偏好。**我们是否仅仅专注于喜欢或不喜欢的事物（内群体偏见和外群体偏见）？我们是否意识到，有时候我们“喜欢”某个决定，是因为我们“喜欢”做出这个决定的人？我们是将注意力集中在了与我们类似的人身上，还是对与我们不同的人也保持同样的开放性？

（9）**混为一谈。**我们是否会将表面上有关联的数据和人放在一起（对其存在刻板印象）？我们是否用过“总是”“从不”或者其他非此即彼的词？

（10）**徘徊不前。**我们是否会根据过去的经验归纳我们的决策方式？我们专注于做某事，是因为我们“总是这样做”吗？我们是否犯了一个共同的错误——相信以前发生的事情会再次发生？

在整理这份清单时，我有两个目标：一是使其便于理解和记忆；二是确保任何人，无论他们的背景、性别、文化（当然需要假定他们英语流利，熟知西方规范）是什么样的，都能从中找到关联。任何时候无意识偏见给我们带来麻烦，通常都是情绪——而非数据或逻辑——在强化和驱动这一过程。请记住：大象控制了局面！我们倾向于先感受，后思考。通过“直觉”或“跟随本能”做出的决定往往指挥着系统一的行动。我发现，一份简明的问题清单几乎可以立刻引发情绪共鸣，这有助于我们将注意力集中到可能潜伏着无意识偏见的地方。

爱上这份清单

我建议我的客户们将这份清单贴在醒目的位置，以便在做决策或集体讨论会后进行参考。如果你是一名领导者，也很乐于当同事们的榜样，那么，要提高每个人对无意识偏见的认识，其重要起点就是你以谦虚和幽默的态度承认你自己是带有偏见的，就像房间里的每个人一样。这种做法能够创造一种安全的氛围，在这样的氛围中，团队可以反思上述每一种情形，在不评论、没有争吵的情况下发掘可能存在的偏见区域。团队甚至可以在清单中找到乐趣，将偏见消除在萌芽状态，进而做出更好的决策。

当我在与客户们的发展项目会或集体讨论会上介绍十大情形清单时，我会首先请他们快速浏览这十项内容，并分享他们第一时间想到的案例。然后，请他们花点儿时间重读一遍清单，看看是否在某次决策中潜藏着这十大情形之一。我们都希望做正确的事，也希望对自己的做法感到满意，但我们首先必须对同事和自己进行反思并保持诚恳的态度。

自我决定理论和 SCARF 模型

近期关于情绪和动机的两项科学进展扩充了领导者的“工具箱”，使他们能够培育出高效能的团队：一是自我决定理论（Self-Determination Theory，缩写为 SDT），二是 SCARF 模型。

自我决定理论是由罗切斯特大学的心理学家爱德华·德西（Edward Deci）和理查德·赖恩（Richard Ryan）开发出来的，它论证了支撑人类动机的三大核心主题：自主性（autonomy）、亲缘性（relatedness）和效能（competence）。“自主性”指我们自主决定、独立行动及在我们的意见和感受被充分考虑到的环境下工作的能力。“亲缘性”是指作为我们归属感基石的信任和人际支持纽带。“效能”感可以通过获得定期反馈和对学习、成长的鼓励来进行强化。这三大特征极大地影响了个人和团队充分发挥潜力的可能性。

尽管世界越来越小，技术使 24 小时全天候的联系变为现实，却有越来越多的人感到与团队脱节甚至变得疏离——这有点儿自相矛盾。在当今世界，我们越来越多的人在家独立工作，或者在虚拟团队中工作。研究表明，尽管存在距离，动力仍与个人的联结感相关。对希望保持由人际关系激发的热情与动机的领导者来说，这可能是个问题。[4]

同样地，使用功能性磁共振成像研究大脑如何响应外部输入的神经科学研究表明，这三大维度可以触发大脑奖励系统，也可能在被忽视、通过惩罚进行消极强化、基于恐惧的交流这些情形下触发威胁–防御系统，也就是“战斗或逃跑”模式。毫无疑问，后者会引发地域性恶性循环、竞争及不信任。

这些关于大脑中网络活动的功能性磁共振成像研究也为其他两个显著因素——地位和公平性——提供了实质性数据。如果你因为听到某个你认为没有价值的人得到提拔而感到恼怒（尽管你自己也承认你并不完全了解他），或者因为别人中了彩票而感到愤恨（特别是你也买了一张时），那么当谈及地位或者公平时，你应该很熟悉大脑对你感知到的不公正待遇的反应。

考虑到这些认识，神经领导力学院的戴维·罗克开发了 SCARF 模型。SCARF 代表了地位（status）、确定性（certainty）、自主性（autonomy）、亲缘性（relatedness）和公平性（fairness）。将它们理解为我们的首要需求有助于我们更好地应对职场的社会层面。[5] 为了探索这些情绪驱动的激励因素是如何在现实世界中出现的，我们来看一个多重因素以最初有害的方式融合的案例。

严苛的汉娜

作为临床试验科学家部门的高级项目经理，汉娜以自信、果敢、重视结果闻名。她的团队像发条一样严格按照时间表运作，规定最后期限，追踪结果。她和医生及科学家们代表赞助临床试验的大型制药公司在一个研究实验室工作，她备受同事喜爱。汉娜所在的团队共有 12 名项目经理，团队成员以工作勤勉、自律和专注著称。

当汉娜收到来自下属们的保密反馈后，问题出现了。关于她团队的所有积极反馈似乎都有相应的代价——她无法容忍任何错误，提出的工作要求到了严苛的地步。

在她的情商量表 2.0 测评中，她的同理心得分比其他项都低，我对此并不惊讶。“我也很想对下属们充满同理心，但我的工作不是那种感觉良好的‘抱团’。”她笑着回应这个结果，“这是一份艰巨的工作。我管理的员工负责为客户和研究人员追踪项目，如果稍有落后，我们就会赔钱。同理心只存在于周末我与孩子的亲子时光中——如果我对下属太温柔，等着我们的可能就是失业！”

SCARF、自我决定理论和改变的意愿

汉娜的团队是典型的千禧一代团队：团队成员都受过良好教育，有积极性，有奉献精神。但不管她给了多少指示（包括设定目标和实践参数），提供了多少与客户交流的指导，她一回到办公室，就会看到他们在闲聊，松散懈怠。

我提议见见汉娜的团队成员，听听他们的想法。很显然，他们的许多关注点与动机的五个维度直接相关。他们抱怨汉娜的微观管理模式，说她缺乏与他们的交流（“她的办公室太远了”“她离我们很遥远”“很少有机会看到她”），她对团队的惩罚多于支持。鉴于我与汉娜之前进行了关于同理心的讨论，我对这些抱怨并不感到惊讶。真正令我惊讶也给这个团队动态增加了复杂性的，是他们的相互抱怨。

团队中有人说自己的职称与能力水平不相称；有人说，同事的懒惰让他们感到没有动力：“如果我旁边的人总在刷脸书（Facebook），那我辛勤工作又有什么意义？”；有人抱怨办公室里形成了派系，这让他们感到“被边缘化”。感觉整体团队动态像极了高中食堂。其中一位资深员工评论道：“我们在这儿只是机器中的齿轮。当我们看到汉娜挥舞着鞭子走进大厅时，我们感觉就像身在19世纪。我们知道她什么时候会发火，所以我们会迅速安静下来，并进行自我隐藏。虽然我们也并不总是这样，但最近这段时间我几乎无法相信团队里的任何人。”

汉娜的团队由一群才华横溢、受过良好教育的人组成，在大多数情况下，他们都会努力做到最好，互相支持，并希望个人和团队都能得到提升。但现在他们正朝着相反的方向发展。汉娜所谓的缺乏同理心显然是其中一个因素，但问题是：既然她倾向于按照公平原则进行管理并给予团队成员一定的自主权，那么关于去权和内斗她又应做何解释？团队环境本身的问题需要得到解决。正如 SCARF 模型表明的那样，当汉娜团队中的威胁响应明显被触发时，地位和公平性便是其中的首要与核心问题。

当我和汉娜讨论这种情形时，我们发现，她需要做的第一件事很明显有些反直觉。虽然有人说她是个微观管理者，但关于她和团队的日常交往又有许多自相矛盾的反馈意见。揭示真相的唯一办法就是至少暂时在物理空间上走得更近，所以她把办公室从楼上搬到了大厅，开始在她的团队中间工作——一开始这让团队成员们非常烦恼。

另外，她需要盘点下属们的禀赋、才能、强项。汉娜和每个团队成员都单独见了面，她没有说哪里有问题，也没有收集他们的抱怨，而是和他们充分讨论了他们的才能及他们在目前岗位上的可能性。她激励他们好好想一想如何能够成长：一年以后他们的发展情况会如何？他们现在的职位——再加上汉娜的支持——如何能够帮助他们实现目标？最后，汉娜发起了一项非正式的导师计划，鼓励每一名基层员工与资深员工结对。

这些都是很棒的做法，但是，汉娜还是遗漏了 SCARF 框架中的一个维度：确定性。营造不安感的办公室文化动态源自一种心照不宣的看法：项目管理不如科学家和研究院的工作重要。我发现，在典型的注重技术或科学的环境中，“非必要”功能（其实绝对是必要的）有时候被当作“二等功能”的现象很常见。没有项目管理，汉娜的团队几乎不可能正常运作，但是，随着项目管理软件的改进、越来越人性化，其中一些角色总有可能会实现自动化。另外，尽管这种可能性极小，但它带来的恐惧心态是真实的，这种潜在的不确定性对团队士气造成了破坏性影响。了解到这一点后，汉娜采取了新的举措：她开始邀请团队成员轮流参加面向高层的汇报会。她的团队成员们在会上亮相，获得了“曝光度”，这使高管们意识到项目管理的重要性，有效缓解了团队成员的恐惧，振奋了士气。

有的领导者未能对可能导致高效能个体的工作效率不尽如人意的内在动因和认知触发因素做出解释，自我决定理论和SCARF模型对此非常有帮助。当汉娜集中精力构建团队个体实力，培养公平性和归属感时，那群一开始怨声载道的人变成了一支工作热情高涨、拥有无限可能的成功团队。

分类偏见

我们在更深入地研究领导力的情绪层面之前，先停下来思考一下，到目前为止我们谈到过什么。你是否注意到任何主题或主旨？如果没有，别着急。我也没有——直到我退后了一步。我的发现有些令人震惊：似乎所有基于证据的思维方式、感受方式和作为领导者的管理方式的框架都倾向于二元化——外向 vs 内向、情商 vs 智商、系统一思维 vs 系统二思维，甚至还有“阿尔法型” vs “贝塔型”（也就是我开发的分类），更不要提我们最熟悉的将创意、直觉与分析能力截然分开的左脑 vs 右脑的分类了。

凯斯西储大学的理查德·博雅兹（Richard Boyatzis）和他的同事们近期开展的一项研究似乎指出了有关人类认知能力的另一种二元理解：任务 vs 关系。任务 vs 关系可能是另一条帮助我们有效探索世界的捷径，在这种情况下，以任务为导向的指令行为就优于注重建立关系的方法。我们历来倾向于创设那些分类的原因很简单：我们的关注点越高效，我们就越有可能存活下来。合作与共识消耗了时间和能量，但反过来说也没错，时间和能量的消耗带来了合作与共识。在家庭凝聚力强大和社群联系紧密的社区中，人类的进步总是更加明显。人类是高级的社会动物——作为一个物种，我们的成功与能够共同合作和培养归属感有着直接联系。[6]

我们今天的目标必须超越任务 vs 关系这种人为划分的鸿沟。人类的进化取决于洞穿陈旧的、两极分化的概念，如任务 / 关系、情绪 / 思维、内向 / 外向、男性化 / 女性化、“阿尔法型”/“贝塔型”。别忘了，它们都来自同一个地方——我们的大脑。

第六章

情绪管理

——从智商到情商及其他

识别情绪类型是培养情商的起点。这并不是说你应该变得“情绪化”，而是你可以灵活调整并识别你的习惯模式。我在刚成为心理学家时学到一课：一旦情绪在人际关系和职业关系中占据主要地位，我们就都会暴露各自的情绪模式。我在职场上经常遇到的两种类型为“海龟”和“章鱼”。

萨拉三十出头，在一家全球金融服务公司任人力资源经理，是颇具潜质的后起之秀。但她与人力资源团队的同事皮特很难相处。他们的上司，也就是人力资源部的主管，对此无计可施：他们管理着各自的板块——萨拉负责招聘，皮特负责培训，同时他们也需要开展合作。当业务板块有重叠，比如培训新员工时，情况就不妙了。萨拉和皮特陷入了一种典型的模式：你做你的工作，我做我的；我们可以一起吃饭、一起谈天说地，但能不合作就尽量不合作！每当重要机会出现时，双方都会火花四溅：谁来牵头？谁来管理基层员工？如果工作进展顺利，功劳应该记在谁的名下？如果工作做得不好，又该怪谁？

当他们的上司请我来做调解员时，我将萨拉和皮特叫到一起，在整整50分钟的对话过程中请他们都把手机放在一边。这时，“章鱼-海龟”动态立刻显现。对皮特而言，这就像一次没有必要的“夫妻情感咨询”，他不太愿意参加。他很明显是“海龟”型，一遇到难题就会退缩。讽刺的是，萨拉对他的描述刚好相反：性格外向，属于“阿尔法型”，善于交际。她认为他在他们的职业关系中占据主导地位，而她自己则是更敏感、更顺从的那位，她的需求总是被排在第二位。但我看到的是完全不同的情形。当强烈的情绪产生时，他们之间的权力动态就会反转。萨拉在语言和肢体上都会更加自信——身体前倾、手势丰富、情绪激动。皮特越是后退——双眼低垂、身体后倾、双手交叠——她就越是步步紧逼，连环发问，甚至开始无休止地咒骂，说自己如何努力完成工作，这是典型的“章鱼”行为。萨拉惊讶地发现，当矛盾较为突出时，她采用了“阿尔法型”立场。与此同时，尽管我能想象皮特在下属面前发号施令的情形，但他在面对这种情绪上的对立时则选择了自我封闭。

鉴于此，培训他们两位的方法相对简单。皮特认识到了他的自我封闭，却对此束手无策。我建议他为自己的情绪积累更全面的词语，并要求他花时间处理自己的感受，一切随之明朗起来。显然，他在对话中有着强烈的情绪，但被萨拉的强势压制住了。拉萨张牙舞爪的“章鱼”触手让他不知所措，以至于无法梳理自己的感受。同样地，萨拉丝毫没有意识到自己的盛气凌人，皮特一味地躲闪让她觉得自己没有受到关注，导致她的情绪进一步爆发。

萨拉和皮特最终打破了他们之间的恶性循环。成功的关键在于学习如何回应情绪触发点。那么，你是“章鱼”还是“海龟”呢？（括号中对应的是肯定的答案。）

（1）当你对某事感到沮丧时，你是否想立刻“处理”它？（“章鱼”）

（2）当你有负面感受时，你是否有时候很难找到合适的词语形容自己的情绪？（“海龟”）

（3）当你感到愤怒或失望时，你是否想“把这种情绪从体内释放出来”？（“章鱼”）

（4）当你面对一位情绪低落的同事时，你是否希望尽快逃离？（“海龟”）

事实证明，“海龟”和“章鱼”的分类只是一个开端。我在培训学院的同事苏珊·大卫（Susan David）著有《情绪灵敏力》（*Emotional Agility*）一书，书中描写了当人们情绪高涨时可能出现的另外两种模式：“灌瓶机”和“育雏器”。“灌瓶机”式的人会避免体会自己的感受，缺乏恰当的词语来阐明如潮水般涌动的情绪。“育雏器”式的人倾向于反思，他们在受益或受影响后会长时间持续拥有相同的感受，带着自责的心态或者对他人的积怨来处理工作。我们许多人都是在不同的情形下来回切换工作模式的。

苏珊指出，这些模式很可能形成于我们人生的早期阶段，我们要么看到了权威人物如何表达或回避情绪，要么有人直接告诉我们该如何处理自己的感受。假如皮特在孩提时代被告知不要在祖父的葬礼上哭泣（“坚强一点儿，不要让妈妈失望”），那么他会逐渐发展出“灌瓶机”/“海龟”模式。同样，萨拉任凭情绪宣泄，这属于典型的“育雏器”模式，她很可能在童年时见过别人这么做或被人鼓励过这么做。

儿童时期的我们发展出了一套应对不舒服或者“不适当”感受的防御策略。这类防御策略有多种形式，但有一个共同点：它们能使我们在充满挑战的世界中免受伤害。儿童需要爱与接纳，仅仅依靠自己，他们无法生存，遑论发展。应对情绪的策略是获得成功发展的关键，它们能帮助我们形成强大的自我，也就是自我意识和自尊意识。只有如此，我们才能在充满混杂信号的复杂世界中正常生活。

然而，随着我们长大，同样的模式可能成为负担。作为领导者，陷于任何一个有损工作效率的模式都是无益的。通过在第三章讨论过的正念练习，我们可以观察自己的倾向，并就此提升至一个新的认识水平，用新的实践方式训练自己，从而使我们的情绪系统更加强大、灵活。

现在你可能会想：“哇，这是个雷区啊！”从某种程度来说，你是对的，情绪模式是复杂且深刻的。但是，你大可对此放心。

和你的领导风格或者沟通风格一样，一旦你意识到围绕情绪的独特行为组合，你就会开始采取相应的对策来提升工作效率，减少时间的浪费。简单来说，你可以用苏珊的三步法与强烈的情绪“解绑”，达到自我培训的目的：标注你的想法和情绪；接受它们；践行你的价值观（而不是你的情绪）。

为了解上述内容如何在现实世界发挥作用，让我们来看一些领导者的案例，看看他们对自己情绪模式的认识如何重新定义了他们的选择，也看看你是否能识别出你自己的情绪模式。

思维型“阿尔法”

作为一家非营利机构的临床研究团队的主管，科班出身的医学博士、心脏病专家斯蒂夫是一名典型的“阿尔法型”领导者。在轻松活泼的氛围下，他意志坚定、善于管理，和他受到的教育一样，他的言行具有权威性。但是，一旦他和下属之间的关系出现一点儿紧张感，比如仅仅是在关于客户研究的时间表上有一个小冲突，你就能预料到他的情绪风格——身体前倾、言辞激烈。虽然他也试图用一些听上去比较理性的词语，但他说话越来越快，声音越来越大，情绪也就随之浮出水面。斯蒂夫采用的是“全时工作”的方式：他平等地对待每个人，强调数据的重要性，试图避开一切个人话题。他还擅长用自嘲的故事或玩笑来缓解紧张的气氛。一开始，他作为一名一视同仁的“阿尔法型章鱼”，给我留下了深刻的印象。

但是，少数几名员工告诉我，他的风格里尽管存在幽默这一闪光点，但更多的是严厉和恐吓。对斯蒂夫而言，参加领导力培训意味着学会更加克制，在感受到刺激时能够控制住自己，给他人一些时间来消化自己的话。他还需要注意他的语调，他在兴奋时的声调常常变得很高，而且每当氛围变得紧张时，他的语速都会加快。他意识到，即便他认为自己理性、客观，但当某个话题的讨论使他高度情绪化时，他就会大声说话、态度强硬，让他的团队里即使是“阿尔法型”的成员也选择了退缩和封闭——这与他期望的完全相反。

打破我们延续多年的习惯需要通过不断实践。为了确保斯蒂夫能成功，我建议他设置一些具有战略意义的标准来帮助找出他的“章鱼”行为。第一个是一句在产生冲突时力证他的核心价值观的标语——“胜利、胜利、胜利”。他把这句标语刻在了一根木条上，放在他办公室的会议桌正中间，以便随时提醒他（及其他任何人）：会议的目标就是找到适用于所有人的解决方案。第二个是他设置在电脑桌面上的标语——“保持冷静，继续前进”，这是一句在“二战”期间诞生于英国的著名口号。这句口号可以提醒他暂停下来，保持理智，当情绪强烈的时候，他应多花点儿时间去倾听。它还能使讨论氛围轻松下来，舒缓斯蒂夫的情绪。

情绪型“阿尔法”

贝丝善于交际，性格外向、大气，作为一家国际工程公司的运营总监，她的工作表现堪称完美。当公司招待来自东欧和其他地区的访客和客户时，她很喜欢与他们交流，用她的话说，她懂得如何“活跃气氛”。她倾向于用幽默来转变与上司之间的紧张关系，但这种做法并不总是能得到认可，有时候，她的态度会给她带来一些麻烦。在情绪激动的情形下，贝丝的态度非热即冷。因为她对有关机构运营的一切话题都能侃侃而谈，每当感到自己占理时，她就会迅速变身为“章鱼”，拼命地证明自己的观点。然而，当她对答案没那么肯定时，她就会将自己封闭起来，这会让其他人感到无措——这又是“海龟”的表现。她的话非常具有代表性：“如果我不知道答案，或者不知道从何获取答案，那我最好管住自己的舌头。”

贝丝意识到她给人的鲜明印象，也知道如何利用其为公司获取利益。她擅长表达的天赋极大助力了与客户的交流或对下属的维护。她需要训练的是培养对冲突情形给予一致回应的习惯，因为她的自我封闭给其他高管留下了负面印象，他们认为她捉摸不定、固执己见。她需要学着习惯并不总是能得到答案，并且能够保持好奇心、提出问题和可选项，而不是缩到自己的“保护壳”中去。

根据苏珊的情绪灵活度秘诀，贝丝练习在开始说话或自我封闭之前先暂停一下，辨认自己对紧张情形的本能反应。她用大大的便利贴将自己的标语“辨认它，驯服它！”贴在笔记本电脑上。因为她开会基本都会带着笔记本电脑，这张便利贴就能随时提醒她在行动之前多加思考并调整自己的言行。她的核心价值观是“做对的事”。但是她渐渐意识到，她不需要总是有答案，她可以直接说她不知道！

身体型“阿尔法”

识别身体型“章鱼”的方法很简单：他即便是一位身形较小的领导者，在情绪激昂时肢体动作仍会很大。他有可能起身在会议室里走动，走近他说话的对象（你可能还记得唐纳德·特朗普在与希拉里·克林顿辩论时呈现的步步紧逼的威胁姿态：他的体态与他的言语或手势一样成为动态的一部分）。

我的客户西德尼身高 5 英尺 4 英寸[①]。在正常情况下，他会以平静的、非情绪化的方式管理他的技术团队。但当他对某个问题有强烈的情绪，或者冲突即将发生时，他内心的“格斗士”便会蠢蠢欲动。我多次看到他站起来向桌前探身，凑到某个同事面前，不带任何恶意地申明自己的观点。他的“章鱼”特质活跃了起来。幸运的是，他的同事们都习惯了这种“突然袭击”，所以

① 5 英尺 4 英寸约合 1.63 米。——译者注

他们丝毫不会惊讶于平时冷静又克制的他突然皱着脸，赫然起身站在他们面前。同事们都知道他“易怒”，喜欢“站在肥皂箱上”[①]（特别是每当他站起来砰砰拍桌子的时候）。同事们试图“对付”他，以避免冲突的发生，但从来都不管用。

在培训西德尼的时候，我要求他在情绪高涨时能够意识到自己的这种倾向，他需要驯服内心的“章鱼”。在我和他以及他的团队集体讨论的环节，我见识到了西德尼多变的情绪风格。他会突然从椅子上起身，在会议室里转圈，大声而快速地说话，在其中某位下属面前来回踱步，语气中透着傲慢。接下来，在一对一的反馈环节，他表示很后悔。“我根本不想打断谈话，”他反思道，“但是我猜我刚才在卡里面前有点儿太激动了。有时候，如果他们不明白我想要达到的目标，我真的会抓狂。”

我尽最大可能呈现了观察到的细节。当我提出价值观方面的问题时——西德尼将我的问题视为这类讨论会的成果——他很快回答道：“我想要提出最好的想法来获得最佳的解决方案。”

我认为他必须认识到，要想激发他人最好的一面，他需要更加克制，管理好情绪，牢记“最优秀的才智”也包括他人的才智，而不仅仅是他自己的！西德尼开始明白，在任何潜在的冲突

---

① “站在肥皂箱上”（getting on his soap box）这一表述起源于 19 世纪，当时装运肥皂普遍使用坚固结实的木质板条箱。西方很多演讲者或政客会将废弃的肥皂箱搭成讲台，站在上面发表政见，高谈阔论，吸引听众。因此“站在肥皂箱上”通常用来形容某人发表长篇大论，引申义为喋喋不休。——译者注

中，他都倾向于回归童年时期的战术：“我总是先找到潜在的麻烦制造者。因为我身高的不足，我不得不表现得非常勇敢来对此进行弥补。否则，我记得很清楚，我会被打败。所以，我最好先行出击并获胜。”

童年时期的战术保护了他免遭霸凌，但同样的做法现在正不知不觉将他转变为霸凌者。曾经的标志性优势成了他的负担，因为他不再是需要在校园中求生存的孩子了。当我把他比作一只雄孔雀时，他笑着承认自己的“尾羽”会不合时宜地张开。一旦意识到他对紧张环境的身体反应损害了他的价值观，西德尼就会像贝丝和斯蒂夫一样，试着练习在情感和身体上克制自己。我建议他进行一种身体练习，让他在感到脉搏加速时保持与身体的联结：坐在自己的手上，保持坐姿，强行让自己坐直（向后靠或双臂交叉可能会释放错误的信号）。这不容易做到，但每次看到我时，他都会提醒我：“我正在尽全力待在‘箱子里’，而不是踩在上面！”

思维型“贝塔”

与西德尼刚好相反，萨姆是一位典型的思维型“贝塔”。他是一家《财富》100强消费品公司的财务副总裁。每当事情变得令人情绪激动或同事间发生矛盾时，他总能冷静、沉着、镇定地应对，并自豪地认为自己是会议室中的“成年人”。但我不太能观察到萨姆下一步要做什么。一方面，他似乎能很放松、专注地听有关投资软件应用程序的争论。一开始，我把他的情绪风格与办事方式归为典型的“贝塔型”——他懂得倾听、投入、专注、寻求妥协，所有这些都表明他能够领导团队发挥最佳水平。

另一方面，当我询问他的下属对他的看法时，尽管他们承认萨姆的领导风格有镇静的效果——他具有外交风范——但他们也透露，他们很难解读他的真实用意。在一对一的谈话环节中，每个人都曾听到他发表强硬的观点，所以他们很困惑，为何在团队中他就开始退缩，扮演起八面玲珑的“外交官”。我将他的类型定义为“偶发性海龟”。在情绪激烈的辩论中，他会进入观察员模式，呈现给其他团队成员的感觉就是脱离队伍。

我曾目睹他和同事，甚至是更重要的人——首席执行官，也就是他的老板——的直接接触，所以我知道他并不缺乏表达感受的词语。他告诉我，有时候他选择退缩是希望在表态之前听完所有人的意见，而且他不想过多地影响整个对话。他认为自己的领导地位会影响团队成员坦率地表达观点。

萨姆的所有做法都很有意义，在很大程度上表明他善于思考，具备自我意识。但他的“外交手段”常常使他的同事们感到缺乏安全感或动力。从本质来讲，这是因为他的行为削弱了他令人印象深刻的情绪意识，这样反而使他与同事产生了距离，使他无法清晰地表达自己，甚至使他显得过于冷漠。萨姆需要对他的自我表达做一些微调——既能确保每一位团队成员紧密团结在一起，并且清楚地了解他对任何特定主题的立场，又能让他们受到鼓舞。

我建议他只需密切关注自己的肢体语言。他经常双手抱臂、脸上没有任何表情地坐着，使同事们捉摸不透他的想法。我提议他可以试着将身体向前倾，把交叉的双手放开，更多地微笑。他笑了。“我没有意识到自己没有笑。”他说，“我猜，我一直以为我安静、含蓄的姿态表现出的是微笑。”我告诉他，我们常常以为我们在笑，但其实并没有。即便他试图弱化自己的地位，但当一个人作为领导时，人们还是会保持对他的关注。哪怕他希望保持中立，但他的团队仍然想要解读他的肢体语言和语气。

要想提升领导能力，即使萨姆意在倾听，他也需要学会保持自己在场的状态和对工作的热忱，并在恰当的时刻通过肢体动作和语言来表达自己，这样他出色的情绪灵活度才能真正发挥作用。

情绪型“贝塔”

安妮·玛丽在我们会面的前五分钟就展现了旋风般的能量与热情，令人印象深刻，同时，她正在啜饮当天的第四杯星巴克咖啡（刚刚上午 11 时）。我立刻就知道正在和我交流的这位销售团队领导者有着极高的热情和智慧。一开始，我误以为她是一位外向的“阿尔法”——果断又固执。但是，和我们所有人一样，她的领导力和情绪风格远比这复杂。

她将领导力灵活度测评分享给自己的团队，大多数成员都将她评为“贝塔型”。当我问她，为何她与我打交道的方式和其他同事感受到的方式截然不同，她笑了起来。“我个性很强，”她说，“但我知道如何在团队里表现自己。我知道如何控制情绪，在说话之前先倾听。我们销售团队高效工作的原因之一是，我们即使有强烈的情绪，也会设定合作和倾听的基调。在大多数情况下，我们都会努力达成共识。毕竟，我希望在我的团队中建立一种培训文化——我们都需要相互支持才能取得成功。你是我的培训师，我可能在你面前不拘小节，但我会在与我的团队、同事、老板互动时进行自我追踪。”

“太棒了。”我说，“很显然，你很清楚如何驾驭当今更加扁平化的领导力格局。”

“是的。”她回答道，“我的大多数团队成员都是千禧一代，我不比他们年长多少。我们都希望能够像一个大家庭一样，团结在一起去做一些有意义的事情。”

但安妮·玛丽的同事有一些略微不同的说法。尽管他们基本上都对她的领导力风格印象深刻，但他们告诉我，有时候她“紧张到令人难以置信”，而且会把情绪都写在脸上，他们很容易解读她内心的想法。虽然她在公开场合扮演着“外交官”的角色，但大家都能看出她很烦躁或者对某事有强烈的情绪。他们也知道，当她喝很多咖啡的时候，要离她远一点儿。

安妮·玛丽在听到这些反馈意见时有些震惊。尽管她知道自己是高度情绪化的，但她认为自己隐藏得很好。像萨姆一样，她基本上算是一名成功的“贝塔型”领导者，和团队合作得很融洽。但她仍然需要对自己的情绪灵活度进行微调，使工作效率上一个台阶。她需要密切关注她如何表现自己的感受，而不仅仅是如何看待自己的感受。简而言之，她需要注意她的肢体语言：她如何穿过办公室、如何做手势，以及她的面部表情、说话的语气。最后，对安妮·玛丽这样的“贝塔型”领导者来说，最重要的是要意识到，少即是多。

在当今职场的情绪格局中找到自己的方向，无异于在没有路标的地域里找出一条道路。类似于办公室情绪禁令的旧规则已经一去不复返，其中包括“不要在工作中哭泣”这样的严禁条款。但表露多少情绪才合适？你在专业范围内表达情绪的上限又是多少？

了解自己的情绪风格至关重要。此处有几个值得反思的问题：

- 上述哪位领导者的情况最能引发你的共鸣？为什么？
- 如果要求同事用一两个词语描述你的情绪风格，他们会说什么？
- “情绪表达”对你来说意味着什么？

• 当情绪高涨时，你如何描述你的默认反应？

如果你对自己的风格有所了解，那么提高情绪灵活度的下一步就是自我调节。此时，你扮演培训师的角色是最有效的。我们都有光明和黑暗的一面，就像日出和日落，它们会有规律地出现。问题不在于你是否会经历强烈的情绪，而是你会对它们采取什么措施，如何识别它们，如何使你的情绪产生富有成效的结果。

驯服“杏仁核劫持”

我们的下一项挑战是练习管理你的情绪，就像西德尼和贝丝一样。对我们每个人来说，这都是一项终身挑战。在当今世界，地铁发生故障、飞机延误、待办事项无休无止，我们不可能每时每刻都保持平衡感。在某种程度上，我们都是被动反应的受害者，我们都会被触发。

同样地，我们当中更具表现力的人在大多数情况下会带来更多积极的能量，但他们更容易遭遇“杏仁核劫持”（amygdala hijack）。杏仁核是大脑中控制情绪反应的部分，而情绪反应几乎会立刻以物理形态出现。总有些事情让你措手不及，将微笑和开放的姿态变成满面愁容，肩膀也紧张地耸起来。然后你就被“劫持”了。

无过错断层线

为了了解这种杏仁核劫持是如何实时发生的，让我们回顾一下我在本章中分享的情景。无论你的情绪风格如何，没有人能够免于被触发。我们面临的挑战是明确了解触发我们的事物，识别出会干扰我们的特定动态或环境投入。

是什么使斯蒂夫从一名理性的“阿尔法”转变成一只令人生畏的“章鱼”？他告诉我：“这通常发生在我感觉同事们没在听我说话的时候。我会突然感觉到自己在重复自己的话，或者看到有人把注意力转移到让我失望的事情上。”这里的实际触发点可能有所不同，但本质是相通的：他觉得没有人听他说话。

同样地，贝丝一开始也展现了活力与表现力，但有时候有些事会让她显出阴暗面：自我封闭、皱眉、沉默。我问她，是什么导致了她的这种转变，她说：“我感觉没有人在听我说话。我觉得在谈话过程中我的意见被忽视了。我的老板会用她的个人安排‘劫持’我们的对话，有时候某位同事可能会大声抱怨，这让我非常有挫败感，我只想带着资料离开会议室。”

你能看出这里的模式吗？对斯蒂夫和贝丝来说，导致该模式的具体触发点可能会有所不同，但同样都是源自基于恐惧的事实：没有人听他们说话；他们被忽视了；他们没有被认真对待；每个人都反对他们。这些都由深层次的不安全感导致，许多人——也许是所有人——都不同程度地有这方面的担忧：“我不重要。”不管是感到受伤害还是被遗弃，不管是不耐烦还是恼火，其实都是一样的。在某些善意的互动时刻，一旦发生了非常细微的怠慢举动，我们的大脑便进入保护模式。神经回路开始启动，皮质醇和其他压力激素得到释放，正如我们在第五章提到的，在特别敏感的区域——地位、确定性、自主性、亲缘性、公平性和效能——情绪的红旗开始飘动。我们穿越断层线（fault line），立即将神经信号从系统二重新导向系统一，猜猜会发生什么？有意识行为剧场的灯光熄灭了：我们不再参与演出，不再能够掌控局面。

没有任何神奇公式可以防止此类情形的出现，重要的是让自己短暂地休息一下，因为我们都被触发了。但是我们有可能减轻其影响并降低偏离正轨的可能性。成功的关键在于自我意识，在于成为你自己的“地震仪”，问问自己：“我的断层线是什么？是什么导致了火山喷发？”

展望未来，你可以通过践行以下五个行为步骤成为自己的教练。

触发点三角法

图 6–1 展示了我们在被触发时遵循的能量路径。“START”代表了典型的恶性循环：崩溃、冲突、烦躁。“SSTTOOPP”则展示了如何解决这些触发点，重获情绪平衡。

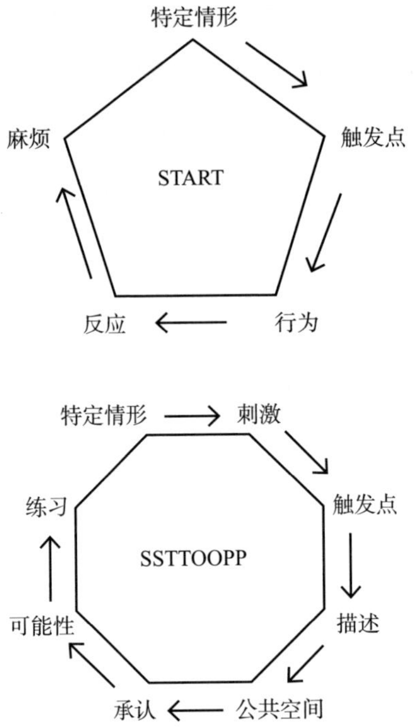

图 6-1　人在被触发时遵循的能量路径

以下五个步骤可以帮助你养成“SSTTOOPP”的能力和习惯，将“劫持”带来的痛苦降至最低。

（1）**草拟一份痛点清单。**是什么令你失望？你的触发点可能是一直存在、反复出现的，在问题发生之前规避它的绝佳办法就是认识到它的存在。我在节奏紧凑的纽约生活了数年，意识到自己真的会对节奏较慢的城镇（也就是其他任何地方）充斥的冗长闲聊感到心烦。一旦我认识到我充沛的精力使自己变得不太有耐心也不太友好，从而强化了人们的“粗鲁的纽约人”这一刻板印象，我就发誓要在出差期间调低我的能量值，对周遭环境更加敏感，和当地人一样合群。

（2）**寻找因果关系。**在幕后播放的“恐惧故事”是什么？当情绪平静时，回想一下你被触发的次数。判断促使你的情绪爆发的背后故事或信念。我们讨论过，过去的一些负面经历通常会在某些时刻重现。心理学家指出，那些本无过错却导致我们情绪崩溃的人，基本都展现了与我们童年时代的戏剧性事件或创伤有关的能量或做出了相关行为（你的老板可能像你的父亲；你的同事可能与童年和你争吵过的小姐妹有类似的习惯）。

（3）**对自己温柔一些。**你能接受自己的人性吗？我们都在被触发。一旦意识到自己已经被引燃，就要小心任何自我批评或自我防御的倾向，这会加剧痛苦。最好的办法是承认你并不完美，并在必要的时候道歉。你可能会讶异于下属和同事对你的小缺点的宽容。承认自己的弱点是在行动中示范高效领导力的极佳方式。

（4）**创造空间。**你能“暂停”行动吗？在你被触发时，转换能量的关键在于停下来，呼吸，暂时中断与这件事的关联，哪怕只有短短的一会儿。在街区附近快步走一走或做几次深呼吸。重要的是要从你的大脑中出来，进入你的身体。情绪总是以身体动作呈现的，所以当大脑被“劫持”时，身体——通过行走、拉伸等简单行为——将支持你在情绪和行为之间创造空间。

（5）**重新关注价值观。**“我在这个情形下行动的目的是什么？我最关心的是什么？”反思你和他人的意图。一般情况下，你的下属和同事不会想要打乱你每天的工作。重新与你的基本价值观建立联结，尝试以他人的视角看待问题——练习运用同理心——将会帮你打破并驱散恐惧能量，使你重回正轨。

活泼过头，适得其反[①]

狄波拉是一家非营利全球卫生机构的运营总监。第一次见到她时，她活泼的个性、积极的态度、亲切的交际风格给我留下了深刻印象。她似乎很愿意接受各种反馈意见，也热切地渴望成长为一名领导者。一起喝咖啡时，她给我讲了许多故事，表明了她对工作的热爱、对同事的重视、对快速进入领导者角色的渴求。而且，与我的很多客户不同，她的情绪似乎非常饱满。

---

① 原文为“Bubble, Bubble, Toil and Trouble”，化用自莎士比亚的作品《麦克白》里的名句“Double, double, toil and trouble”，这是三个女巫在炼制毒药前念叨的一句咒语，大意为“加大又加倍，劳身又劳神”。——译者注

她也是这家非营利机构管理团队里唯一的女性成员。来自上司的反馈意见总体上比较积极，所以，当发现我是因为她的不敏感而介入来帮助她时，她非常惊讶。同事们觉得她性格直率、不屑一顾，总是用讽刺和即兴幽默来转移她认为过于情绪化的话题。她需要意识到自己的情绪自我，其目的不是让她更有表现力，而是帮助她实现自我管控。

为了帮助她发现自己经历过的触发情形，我请她在智能手机上创设“感受记事簿”，实时记录她的情绪状态。她需要养成习惯，每当参加一场喧闹的会议或接到一通言辞激烈的电话时，她都要花几秒钟问问自己：“我的感受是什么？”然后将某个或者多个词语添加到列表当中：“疑惑”“失望”“恼火”等。在记录下这些词语的短短几分钟里，她惊讶地发现她的感受会自行转变。我建议，她如果有更多的时间，可以打开一本同义词词典。对狄波拉来说，建立一份更长的情绪描述词汇表尤其有助于她注意到自己反应中的微妙变化和细微差别。这项情商侦探工作开始拓宽她的自我知觉。她开始意识到自己的情绪比想象中的更加反复无常。

仅仅花一点儿时间弄清楚自己的感受，并注意到诸如受挫、不耐烦、失望、恼怒、受伤、悲伤等感受之间的区别，能够帮助她发现自己在短短几分钟或几个小时内经历的情绪变化。她开始注意到某些同事是如何煽动她内心的强烈情绪的。但最重要的是，她也注意到，情绪的转换只需要很短的时间——可能就是几次深呼吸的时间。

有一次，她告诉我："今天早些时候，我和一个特别讨厌的同事吵了一架，但是我谨记你的建议，出去散了会儿步，而不是带着恼怒和烦躁的心情直接进入下一场会议。我在办公楼外转了几分钟，在阳光下呼吸，然后我快速记录下了自己的感受。当我看清了我对这个人的不屑中包含的所有情绪变化时，我发现自己笑了，并且我的状态在短时间内就从生气调整到了放松。"

她开始意识到她对自己的反应，以及她对所有的感受做了多少控制。一旦花时间重置了"情绪晴雨表"，她就会用所有必要的手段来重拾幽默感。"当事情进展顺利时，我和团队成员们经常一起大笑、互开玩笑。"她说，"幽默对我来说是最重要的，我需要确保它为我所用，而不能对我不利。"

▶快速训练：从"阿尔法型"到"贝塔型"

（1）**高点/低点。**回顾你过去五年中的高潮和低谷时刻，也就是最兴奋、最愉快、最值得庆祝的时刻和最悲伤、最艰难的时刻。回想一下那些感受停留的时间长短。你如何从情绪的最高点下来？又是什么将你带出了情绪的低谷？这些拐点有助于提醒你认识到你多年来培养的韧劲。描述你在一个富有挑战性的时刻重新振作所用到的工具和所做的实践。

（2）**发挥创造力。**抽出时间进行愉快的艺术创作——摄影、绘画、写作、作诗、雕刻、演奏乐器等。我们内心都住着希望参与创意活动的艺术家和孩子。不必一味追求完美，纯粹为了快乐而进行的艺术活动可以帮你避开自我批评的想法，并带你走出强烈的情绪高潮和低谷。

（3）**先沟通，后指挥。**如果你是一个项目或者一个团队的领导者，养成花几分钟与同事沟通的习惯。在会议开始时进行情绪“签到”：问问你的团队，对工作、生活、项目的感受如何。你不用在这上面花太多时间，但你需要将其常规化，这样大家才会认同这个过程的价值。

（4）**写下来。**开始写日记。每天晚上花几分钟写下你当天的感受，用五分钟来进行所谓的“自动书写”。记录下你情绪的高点和低点，它可以只是几个词或一份短小的清单。你将会惊奇地发现列出自己的感受会让你感觉好很多！

▶快速训练：从“贝塔型”到“阿尔法型”

（1）**请只讲事实。**如果你喜欢沉思——在事件结束后仍长时间沉浸在受伤或愤怒的感受中，那你可以考虑这项日常实践：每天清晨或晚上花时间记录下你的感受。写出你的故事版本，让文字在笔尖流淌（但不需要将其写成优美的散文）。把它们都写下来，问问你自己：“此处什么是‘感受’，什么是‘事实’？”我的一位华尔街客户养成了一个习惯：每天早晨在通勤列车上写一则关于她的感受的小故事。当到达办公室的时候，她会对自己编写的小故事微微一笑，然后带着全新的活力投入工作。

（2）**脚踏实地。**将给你带来宁静的实践活动结合起来：正念呼吸、做瑜伽、冥想、锻炼、散步。花时间与宠物或亲密的朋友待在一起，他们可以提醒你什么是最重要的，帮助你获得全新的视角。

（3）**自我调节。**列出你最喜欢的五项宠爱自己、滋养和使身心感到满足的娱乐活动，如睡觉、按摩、洗泡泡浴、读小说、户外徒步、骑行、看剧等。找一位朋友监督你有规律地做这些事。充分发挥“贝塔型”特质的关键在于找到平衡：获取充足的睡眠和健康的饮食，庆祝并尊重你的情绪状态，无论高低。

第七章

做真实的自己

——从斯多葛主义到承认你的脆弱

职业生涯早期，我在一家战略咨询公司任人力资源总监，有幸见识和录用了不少才华横溢的青年专业人士。杰夫与我面试过的那些人有很多相同之处——聪慧、勤奋、充满活力，但他有一个特别之处：每一个接触过他的人都发现他是一个温文尔雅的人。在波士顿咨询、麦肯锡、贝恩这些最顶尖、前途最光明的公司，竞争非常激烈，人人都有点儿以自我为中心，将常春藤名校毕业生的远大抱负写在脸上，但杰夫却友善、谦和，事事以团队为先，这样的个性非常少见。

一年以后，杰夫因脑动脉瘤突然去世，年仅 24 岁，这个消息让我非常震惊。彼时，他刚刚结束为期 6 周的环球旅行，受客户之托，他到访了 30 余个国家，对亚洲、非洲、欧洲等地的远程运营进行了分析。对每一个认识他的人来说，他的离世都是莫大的损失。整个超过 30 人的咨询师团队，包括高层和他的老板戴夫都驱车三个小时前往波士顿郊区参加了他的葬礼。

在写这一章时，我回顾了我在职业生涯中合作过的数百名各种类型的领导者，试着想出几个关于行为真实性的案例。这让我回想起戴夫在杰夫的葬礼上所念的发自肺腑、饱含深情的悼词。悼词念到一半时，戴夫颤抖了起来。考虑到当时的情景，这没什么稀奇的，但问题是，从来没有人见过戴夫以如此开放的姿态或流露脆弱的方式讲话。他在工作中的状态完全是相反的：态度强硬、善于分析、尖刻辛辣，总之，他从不示弱服软。事实上，在过去的多年里，在我作为他的人力资源代表参加过的所有会议里，我从来没有见他笑过。他对下属咆哮过后，他们会四散开去，抓紧执行他的指令。遥想当年，早在布琳·布朗（Brené Brown）写出《活出感性》（*Daring Greatly*）这本关于脆弱的力量的畅销书之前，我就意识到比起在办公室中下达尖酸刻薄的指令，这位高级咨询合伙人在念悼词的过程中展现了更多的领导力。我当时在想："也许戴夫会因为杰夫而成为一名真正的领导者。"

我太天真了。戴夫还是戴夫。毕竟，这是葬礼，怎么说都不是一个寻常的情景。尽管戴夫在葬礼上的言行非常真实，但在回程路上，他还没能坚持到州界线就恢复了原样。我当时希望自己是他的培训师并向他建议："继续保持。继续示弱。要有人情味，要向你的员工敞开心扉。如此，你将会成为一位更好的领导者，公司也会从你充分发挥的潜在天赋中受益，因为追随你的人得到了你的鼓舞，而不是在被你恫吓之后不情不愿地去执行你的指令。"但积习难改。

正是在那些难忘的时刻，我们关注到了生命转瞬即逝的本质，它提醒我们，一切都是那么脆弱，充实地生活、每时每刻都怀着感恩的心是多么重要。戴夫可能回到了他的“阿尔法型”模式，但我却永远地改变了——既因为杰夫的离去，也因为揭穿一位精明强干的领导者的面纱所带给我的力量。此后多年，我培训了数以百计的客户，在将开放性和脆弱性控制在舒适水平的情况下，我帮助他们彻底放松下来，使他们能分享最深层次的价值观，说出他们心底的声音。只有这样做，我们才能打动所有听我们说话的人。

你在他人面前呈现脆弱一面的舒适水平是什么样的？

为什么要呈现脆弱的一面？

脆弱性始于你在工作中愿意诚实地面对阻碍你成为最真实自我的事物。是否有一种特别的焦虑感或不安感拖了你的后腿？你是否希望自己能够更加勇敢？作为休斯敦大学的研究教授，布琳·布朗进行了上百次采访，旨在发现社会联系的根源。她的问题是：“如何创造归属感？”她的数据显示，答案就是脆弱性。

脆弱性并不意味着软弱或顺从。相反，布朗发现，一个人需要鼓起巨大的勇气才能在他人面前表现出脆弱性。传统的“阿尔法型”风格需要领导者拥有斯多葛主义思想，保持距离，将风险降至最低，表现得自信，控制情绪。这对“阿尔法型”和“贝塔型”的领导者来说都很冒险，因为在当今更加扁平化的机构中，职场新手和资深人士的工作联系比过去任何时候都更为紧密，基层员工希望对他们老板的能力保有信心，同时，他们也渴求为日常生活带来目标的人际关系纽带。所谓的“职位权力”的影响力比过去降低了。职权的梯级越是被压缩，甚至是被彻底淘汰，领导者就越要通过不同的方式做出承诺和展现忠诚度。

如果你的领导力灵活度测评显示你更加偏向“阿尔法型”，不要感到绝望。即便是“阿尔法型”的领导者也能有机会展示他们的脆弱一面。你可以考虑从以下几种情形入手：关心家庭遭遇健康危机的员工；帮助遇到困难的人；承认你很感激在一些具有挑战性的事情上获得的帮助。

如果你发现自己在冲突中站在了错误的一方怎么办？如果你陷入了道德过失又怎么办？试着以开放和透明的心态对待你犯下的错误。基于过错程度，考虑是否公开道歉、请求原谅。围绕性骚扰和“我也是”（MeToo）运动，职场中正在发生文化剧变，愿意承认自己的冒犯、坦诚地道歉、表达做出补偿的意愿，有助于恢复你在他人眼里的个人诚信。强大的领导者会承认自己遇到了麻烦。

创造自我空间

布琳·布朗认为脆弱性和真实性是人际关系纽带的根基，但这两点却常常在职场中被忽视。在我与人权委员会（HRC）定期组织的领导力发展项目中，在破冰环节，每一位参与者都要分享一段使他们成为他人权利倡导者的重大人生经历。没有人能免于失去和不幸的经历，它们虽然痛苦，但也很重要，每个人的故事都不同。有人回忆了在工作中受到的歧视，有人讲述了具有挑战性的家庭动态，但是在每一种情形中，事件都是在变化的。然后，我们请他们的搭档分享与集体相处的高光时刻，以此使他们融入群体。这种经历总是很动人，它给我们带来了博爱与信任。[1]

所以，为什么在职场中人际关系纽带和脆弱性这么少见呢？我们通常被教育要保持距离、树立有能力和有权威的形象。我们可能会与伴侣和朋友分享我们柔软的一面，但很少在其他地方展示这一面，更不要提在工作中了。在一次公司拓展活动中，针对商业环境中更为保守的文化，我发起了一项类似的活动，请参与者分享“工作中的教训”。我总是惊讶地发现，当感到安全和来自同事的支持时，他们愿意分享非常私人的感受。每当我们共有的博爱情怀得到公开认可时，情感的纽带便会进一步加固，就是这么简单。毕竟，我们同行在人生的神秘之旅中。

研究表明，仅仅通过看某人一眼，我们就能获取大量的信息并同时判定其真伪。威斯康星大学麦迪逊分校的心理学教授保拉·尼丹瑟（Paula Niedenthal）说：“我们天生就会观察和分析他人的话语，以确保我们在任何情况下都能更加恰当地进行互动，强调或宣告我们的边界。”这个过程，或者说“反响”——我们如何解读快速且差别细微的表达——通常发生在我们的意识之外。在你解读某人的瞬间，你察觉到他们的意图和情绪状态，然后你会确定他们是否值得信任。早在人类发展出语言之前，我们解读族人和陌生人释放的信号的能力就是构建集体意识的基石。[2]

脆弱性和价值观：火焰鸡尾酒

从概念上讲，作为一种能够拉近人际距离的工具，脆弱性对你来说可能是有意义的。但我们不要低估了职场的开放性能够造成的真正破坏。脆弱性不是没有风险的，所以，在你接受这个概念之前，你有必要了解它到底是什么。让我们来看一个真实的案例，看看培训的真实性——脆弱性、透明性、谦卑之心——能够如何改变一位领导者及其职业生涯。当你阅读索菲亚的故事时，问问自己：在类似的情形下，你会如何培训你自己？

故事始于我接到的一家大型服装零售企业人力资源高级副总裁打来的电话："嗨，杰弗里，我想知道你有没有时间来培训我们的一位领导新秀。索菲亚是我们国际道德采购部的主管，这个部门是法务部的新增职能部门。总体来说，她干得不错，我们也在考虑提拔她。问题是，索菲亚与其他高管的相处不太理想。她需要改善她的沟通方式。索菲亚来自阿根廷，她说话的口音很重。她语速很快，在说话时还喜欢加上一些夸张的手势和很多细节。其他高管都快被她的絮叨逼疯了。我没办法时时了解她的情况。我们想，最好能请你帮她降低语速，放缓语调，让她真正成长为一名高管候选人。”

由此，我与一位我认识的最有才干的领导者一起踏上了冒险之旅。然而，尽管索菲亚对自己被认为缺乏沟通技能感到很惊讶，但当听到她“需要一名培训师”时，她一点儿也不激动。作为一名创新型全球团队主管，她非常热爱自己的工作，她的团队负责创建有关道德采购、员工工资、劳动实践等方面的项目，这些都日益成为许多大型制造企业的重要环节。索菲亚做着她中意的工作，也希望在这样一个“名望讲坛”[①] 上取得丰硕的成果，所以，她尽管对反馈意见感到有些不快，使还是答应了接受培训。

我马上就发现了索菲亚使那些高管感到沮丧的原因：索菲亚的热情固然是好的，但她确实说话太快了，还加入了很多细节和浮夸的内容，我有时候很难跟上她的节奏。起初，我觉得值得花时间帮助她认识到自己的风格，使她慢下来，说话更加简洁。

6 个月后，索菲亚有了巨大的进步。她（通过坐在自己手上）改掉了手势夸张的习惯，也学会了在开口前做几次深呼吸，放慢语速来加深听众的印象。我们似乎就要成功了。但是，高管们却没有注意到她的改变。

雇我的人力资源主管告诉我：“我能看到她的努力，但是她还是太激动、太坦率了。她需要后退一步，更加清楚顶层的政治动态。她的愿望并不都是可能实现的，还差得远呢。首席执行官

① 名望讲坛（bully pulpit），指能够提供阐明自己观点的机会的重要职位。——译者注

希望索菲亚不要像个狂热分子一样，而要更像一位高级商务人士。她需要更多地与公司对她角色的定位保持一致。”我明白了。一路走来，人们对索菲亚的期望显然在改变，而且对她不利。反馈意见就像风中的沙粒在随时转向：从她需要培养更加简洁的沟通方式，到她没有足够的“存在感”，再到她太过激情四射，甚至有些“狂热”。

这太令人沮丧了，因为不仅其他高管认为她是整个公司最好的领导者之一，她的团队也非常爱她，但即便如此，很多人还是暗示，如果她不能很快获得晋升，进而提升她主管的部门的地位，他们就会离开。她的员工们告诉我：

- 我们像一个大家庭一样在一起工作，因为她非常信任我们。
- 她熟识办公室里的每一位同事，与我们每个人都有很好的私交。
- 我们犯错的时候，她不会生气，而是给我们时间，让我们学会分析并处理好问题。
- 我很了解索菲亚，她总是很开明、很直接。
- 我信任她，因为我知道她的想法都是好的。

即便是在办公室的政治动态上表现得稍微谨慎一点儿的高管们也对她有深刻的印象。很多人都知道，作为一名说话有口音的女性，索菲亚会面临来自老派的“白人男性主宰的”高管层的挑战。事实上，高管层很快决定雇用一名白人女性出任“新创设的”可持续发展部门全球主管，负责整个公司的社会正义、环境保护和伦理问题。她成了索菲亚的新上司。索菲亚在震惊之余——你也猜到了——非常愤怒。一年多以前公司就承诺她，如果她表现得“稳重”一些就给她升职，而当她做到时，他们不仅没看见她的变化，还另请了他人。

最后，我认为是索菲亚的核心优势——不是她的口音或沟通方式——激怒了公司高层：她将自己的激情展现得淋漓尽致，也在自己对工作、公司、环境和社会正义的关注中表现了脆弱性和透明度。脆弱性是财富，也可能是挑战，因为我们的开放与真诚，我们暴露了内心最深处的价值信仰。在我培训索菲亚的过程中，不管她表现得多么八面玲珑，很显然，她的原则与管理层持有的原则从根本来说都是脱节的。就像她说的：“我可以调整我的沟通方式，但我不能改变我的价值观。”在我看来，这是真正的领导者的标志。

最终，索菲亚在另一家国际制造企业获得了一个更高的职位，这家企业的高管们的价值观与她的很契合。大约一年以后，在涉及道德采购实践和环境可持续发展的《财富》100强企业高管会议上，我有机会聆听了她的主旨演讲。我被她的远见卓识和领导风范震撼了——她稳重、端庄了许多。她的成长是巨大的。她在很短的时间内从失望和受伤的情绪中走了出来，并且学会了用高效且富有影响力的方式表达自己的思想。对我来说，她代表了商业世界的最高潜力，因为不仅她的价值观没有受到影响，而且她将其充分地展示了出来。这便是脆弱性发挥作用带来的力量。[3]

忍辱负重

萨吉——这个昵称来自他的军旅生涯①——是一个聪明、可爱的人，曾任费城郊区一家医院的基础保健部主任。在接到患者及家属说他“态度傲慢、不尊重人”的投诉后，萨吉的领导将他降职，让他去负责临床职务。医院的首席执行官认为萨吉还有机会成为一名高效的领导者，所以他请我介入，帮助萨吉“软化他的棱角”。当我和首席执行官见面商讨培训计划时，我问道：“什么方法可能对他有用？什么方法可以帮助他保住他的职位？”

他告诉我，萨吉工作勤勤恳恳、颇有效率，也擅长护理病患和管理财务。但他也说：“我确实需要一位管事的领导者，但必须是性格温和一些的。萨吉太自以为是了，我觉得这可能会是他的致命弱点。”

这就要说到谦卑之心。在当今的职场格局中，谦卑之心和脆弱性一样，并不是软弱的表现，而是沟通能力的延伸，它可以帮助你建立信任，表达你的价值观。表现得“真实”给领导者们呈

① 萨吉，原文为 Sarge，意为中士。——译者注

现了一个悖论：一方面，人们希望从老板的自信中获得确定性；另一方面，员工们，尤其是青年员工们希望与同事建立联结，甚至是亲密关系。这种平衡的维系要求领导者认识到谦卑——充分了解诸如傲慢与膨胀这类盲点——对高效工作意义重大。

我和萨吉的合作，开局并不顺利。由于已经受到降职的羞辱，他对有培训师这件事一点儿也不兴奋。我们第一次见面时，他花了大量的时间抱怨，他说在面对投诉时，他的工作环境、同事、上级都没有很好地支持他。他说："没有人真正明白在那个环境下的压力有多大。我基本上都是要连续给二三十个患者问诊。我承认，我和那些情绪不稳定的患者家属的沟通方式是有点儿问题，但我的本意是维护下属，做对的事情。有时候我的确有些不够冷静。现在他们要褫夺我的领导职位，让我回到原点，还跟什么都没发生过一样！我想，另谋出路可能是更好的选择。"

在他发泄一通后，我说，这次降职对他来说也许是最好的事。他似乎很惊讶。我承认："这听起来是有点儿牵强，但对大多数成功人士来说，正是他们遭遇失败的艰难时刻、走出困境的过程、从错误中吸取的教训，将他们塑造成了卓越的领导者。"

我分享了自己职业生涯中一个类似的经历。当时在6个月前，我首次出任人力资源经理一职。我坐在一位高管培训师的对面，他刚从我的同事那里收集了关于我的反馈意见。我得到了一些积极反馈，但也有人说我"过于热情"，希望我不要表现得"像个狂热分子"，"因为太过专横而惹人反感"。我走出了房间，感到非常泄气。几周以后我才从失落的情绪中恢复，当时我总是忍不住想起那位培训师对我说的话：“领导力并不意味着随时随地地管理。高效的领导者懂得什么时候跟从，什么时候指挥。”虽然学习的过程很艰难，但这个方法自此支撑和巩固了我的工作。

我告诉萨吉：“我觉得现在有一个真正的机会摆在你面前。现在，你回到了临床工作环境，和你的同事一起，你仍然可以做一名领导者。如果你能做一个好的团队成员，为每个人——包括你自己——发挥最好的一面，营造良好的环境，你就很有可能会发现自己再次出现在领导职位的候选名单上。”

我请他去仔细研究脆弱性和谦卑之心的力量。他向我承诺，在以下三个方面做出个人风格的重大改变。

- 对个人的成长边界抱持透明和开放的心态

  对萨吉而言，公开承认自己的失误并不容易，但他开始认识到这是必要的。要想重建同事对他的信任，他就需要直面错误。关键是他要从真实的地方开始分享。他决定对自己所做的任何伤害他人的行为表达懊悔之情，在回应投诉时进行悔悟，与他人分享自己追求领导力和个人成长的决心。与他的同事分享成长边界，对萨吉而言无疑是“卑微”的做法，但他后来告诉我，这带来了意想不到的效果：以前对他保持谨慎和距离的同事们，开始踏入他的办公室，表达对他的坦诚与正直的钦佩。

• 建立个人联结

在花更多时间与团队成员、患者及其家属相处后，萨吉学会了提出开放式的问题，允许他人发泄情绪。急诊室的工作环境仍然是极度忙碌和极度高压的，能够用于闲聊的时间非常有限，但他意识到了花上宝贵的几分钟倾听的价值。在敞开心扉与同事相处的时刻，他获得了有益的洞见：在不带具体领导职位的情况下如何更好地打动他人，如何更好地运营团队，以及如何能够改善他人的生活。

• 做一名好的跟随者

一开始，当我们讨论要成为一名好的领导者，他就需要知道何时、如何跟随他人时，萨吉对此有些迷惑。所以，他找到了几位德高望重、以“仆人领导力”（servant leadership）著称的资深医生。他直接学到了好的领导者如何从根本上反转层级体制，将他们的上级领导身份更多地视为培训师和导师，并致力于激发他人最好的一面。

几年以后，我在同一家医院又遇到了萨吉。他不仅恢复了原职，还有望被提拔至管理层。显然，他经历了很多。但是，真正吸引我的是他对眼前这个机会的说法：“我很高兴我可能会获得晋升机会。但无论最终结果如何，都没有关系。不管怎样，我仍然在以我们讨论过的所有方式做着领导工作：从下向上、从后向前、横向开展领导工作！能更进一步当然很好，因为我可以因此有更大的影响力。”他的最后几句话尤为动人：“你知道吗？杰弗里，你当时说的一点儿都没错。那次降职真的是最好的事。我猜我只有在被羞辱后才能变得谦逊。”[4]

过犹不及

软件工程师辛西娅需要接受培训却不是因为她太脆弱或太富有激情，而是因为她“太谦卑”。辛西娅出生、成长于韩国，从小被要求尊敬长者，不可自大。一开始我认为她的领导风格与她的文化背景一脉相承，但事实远非这么简单。她在美国接受了高等教育，我们见面时，她已在美国工作超过五年。

基于扎实的工程技术，她被提拔到领导职位，作为专家和具有团队精神的合作伙伴，广受同事们的尊重。她的职责是领导一项全球训练计划，需要频繁出差，管理多个地区的团队。她的下属和同事来自世界各地。不管出身如何，她的任务是肩负起领导职责。

她对其他人的管理大部分是通过电话会议进行的，她的主管认为这种低调的做法可能损害她的可信度。拓宽沟通渠道对她来说非常重要，可以确保她的专业知识得到尊重，保证同事们会追随她。她还需要更加愿意展示自己及她取得的成就。当她意识到虽然没有自我宣传的必要，但表达出自信、毫不犹豫地发表意见将会使她获得更多的前进动力时，她就喜欢上了培训的理念。

第一步，当她思考自己如何开始训练课程时——在课上她总是站在前面，第一个发言——她意识到自己在电话会议中表现得有些退缩。区别似乎在于辛西娅在教室中可以直面学生们。他们的笑容和热情的肢体语言能帮助她放松，克服她内心可能出现的焦虑。电话会议则缺乏这一重要因素。她决定把电脑桌面设置为团队大合照。这听上去简单，但很奏效。在队友们热情洋溢的笑容的感染下，她更加投入、更加自如地扮演起了领导角色——不仅勇于发言，还勇于第一个发言。

第二步是要更加自然地承认自己的成功。辛西娅经常说："我不想自吹自擂。我的下属们都非常优秀，值得表扬。你不觉得吹嘘我自己有点儿不合适吗？"把自己排除在功劳簿之外可能会让她感到光荣，但有损他人对她的价值的评估。

我温柔地反驳道："如果你的超级巨星团队自己做了所有事情，你在宣传他们的成果时又把自己摘出来，这会不会让高管层觉得你这个角色可有可无？"这话有点儿直接，但她承认这完全不符合事实。解决办法是对她的语言做一点儿微调。她可以继续肯定团队的努力，但始终都要加上最重要的包含"我们"的说法："我们共同努力，赶在最后期限前交割了项目。"

第三步，我们开始向关键人士展示她的工作成果，让高管层了解她的贡献尤为重要。虽然有时候她对这种想法感到难为情，但她理解，她的事业取决于此。辛西娅也致力于成为团队中的榜样人物，我提示她："如果你不为自己的进步展示你的成果，你如何能够记住员工们的目标呢？他们中有人可能会在将来的某一天升到你现在的职位，所以你需要为他们和你自己做好准备，继续前进。”她明白了。

现在的问题不是她是否会宣传自己的成功，而是如何做。在这里，自我培训再次发挥了重要作用。我请她思考自己何时、如何能够以舒适的方式“推销”自己。她说，纵观她的学业和职业生涯，她会有意识地去辨认会适时对她“唱赞歌”（她的原话）的导师。此处也仅仅需要一点儿轻微的改变。她精心制作了我所谓的“关键人士地图”——这个框架包含了她在自己的行业中敬佩的对象，他们与她有着良好的关系，在恰当的时机会对她不吝赞美之词。她要做的就是随时告知他们她所取得的成就——不需要广而告之或公开吹嘘。

最终，即使是像辛西娅一样的“贝塔型”领导者也能自如地做到以下三个方面：勇于发言；第一个发言；让自己更加显眼。如果你天生低调，那么在你的行事风格中注入一些“阿尔法型”的因素可能有些难度。关键在于：没必要不那么脆弱或不那么卑微，重要的是你的行为始终与你的价值观保持一致，你在与你的价值观一致的环境中工作。记住，谦卑不代表隐形，或者贬低自己的成就。高效的领导力不是一种非此即彼的设定，你可以很谦卑，同时很显眼；你可以谦虚，同时成绩斐然。最重要的是，你可以在展露脆弱的同时表现得强大。

▶快速训练：从“阿尔法型”到“贝塔型”

（1）**开放。**寻求机会与你的团队——下属、同事、上级——分享更多你的价值观、激情与梦想。你仍然可以保留你的隐私，对你的价值观保持透明并不意味着你要分享你的个人生活。重要的是分享来自你心底的东西。

（2）**分享成长边界。**我们都有需要成长的领域。告诉你的同事，你为努力提升自己在做些什么。作为成长型思维的榜样人物，你要有勇气宣布你想在哪些方面做出改变。寻求支持。向曾经帮助过你的老师、培训师、导师公开致谢，感谢他们对你产生的影响使你走到今天。

（3）**承认缺点。**列出你认为的自己的缺点，思考每个“缺点”如何能成为对你的馈赠。它如何能够帮助你？你将会讶异于你所能学到的东西。这项实践能够帮助你重置你的大脑，以轻松的姿态接受那些你以前宁可忽略或者希望其消失的事物。

（4）**感谢失败。**对失败感到骄傲。愿意对一路走来犯过的错误致谢。在日记中列出情绪“低点”或失望的时刻，问问你自己：“我从这次所谓的失败中学到了什么？它能如何帮助我成长？”

▶ 快速训练：从“贝塔型”到“阿尔法型”

（1）**第一个发言。**找一位你信任的朋友或者同事，请他们做你的培训师，提醒你不仅要勇于发言，还要勇于在适当的时机第一个发言。在你经常能看到的地方放置一个提醒标志（将它打印出来挂在桌子上方，或者用作手机壁纸或电脑屏保），当你的本能拉你后腿时，它会督促你向前一步。

（2）**展示——而非炫耀——你的才能。**定期更新简历和社交媒体，在领英（LinkedIn）这样的平台上突出展示你的优势和成绩。看看你尊敬的同事的简历，效仿他们；请你认识的会表扬你的人提出参考意见。

（3）**“我们”。**当你表达对他人的认可时，确保将你自己纳入其中。在你经常能看到的地方写下“我、我们、你”，请一位朋友监督你是否使用了包容性语言。

（4）**把握今天。**寻求教导或指导他人的机会，这能帮助你轻松进入领导角色。

每个人都是领导者

2016 年春，我收到一份邀请函，请我与我的好朋友、好同事莱斯利合作，为残障人士设计、开办一个领导力发展项目。这是美国首个此类项目，由芝加哥市政府发起，旨在庆祝《美国残疾人法案》颁布25周年。20名参与者经过了层层严格选拔，他们都正在当领导者或渴望在自己的专业领域成为领导者。尽管有不同程度的残疾，但他们有一个非常重要的共同特征：没有人认为身体障碍会妨碍他们成为领导者。我亲眼见证了他们每一个人充分展现自我，他们并非仅仅在克服身体的障碍，而且将其作为通往成功的垫脚石，最后，我所有先入为主的观念都不复存在了。

当我们探索现在对你来说很熟悉的主题，比如领导风格、情商、给出和接收反馈意见、合作时，我一再见证了我相信的一点：真正的领导力是由内而外散发出来的。每一位参与者都很“凶猛”：努力展示自己，展现自己的脆弱，寻求帮助，带着自信和幽默感练习新的技能。想象一下，你有听力障碍但却需要“认真聆听”，你坐在轮椅上却要“说走就走”，你失明了却要关注“盲点”。莱斯利和我深切而惭愧地认识到我们的语言是多么充满偏见，我们对“残障”的误读是多么深。

自该项目发起后数年，芝加哥持续在为残障人士开展领导力培训活动。类似的项目扩展到了纽约、洛杉矶及更多地方。我个人的经历印证了我一以贯之的主张：只要带有脆弱性、谦卑之心及渴望成长的意愿，我们每个人就都是天生的领导者。

第三部分

身体领导力：身体机能的力量

第八章
充分调动你的身体

还记得那位以实际行动示范灵活领导力的外科医生马克吗？我在与他交流的时候，原以为心理训练和成为外科医生必备的纪律必定会将他纳入思维型“思想家”的类别。但和往常一样，我的见闻与我的预期大相径庭。马克随时都在前进，他的大脑和身体同时在运作，情绪也体现在他的肢体动作中：他的身体会向听众的方向倾斜，他会伸出手拥抱和触碰他人。他是一位具有号召力的人物，而且能够在不同身份之间灵活切换。他是一位身体型领导者。

不管你在原始状态时是思维型还是情绪型，你作为哪种类型的领导者取决于你的表达、思考、行动和肢体语言。从某种程度来说，我们都是身体型的生物，我们的思考、感受和所做的一切都源于我们所依存的身体。长期以来，领导力训练都仅仅专注于思维方式，准确解读和回应对世界的感官经验是具有极大价值的个人能力，但却常常被我们忽略。[1]

身体智商是那些可能被忽略的直觉的根本“供应者”，我们更容易沉浸在关于数据的争论中，却常常在遭遇危机时不得不重新面对被忽略的直觉。当我们研究合作和参与的机制时，请关注被日本佛教僧人、禅师丸泰仙称为“用你的整个身体去思考”的方式。[2]

当你停下来反思你身体的物理存在时，你可能会意外地发现你在大多数时间都处于非平衡状态：抱着手臂靠近同事，凝视着地板或者天花板，或避免眼神接触。这种做法的效果很微妙。但是，我们在任何特定场合的肢体动作都能够有力地表明我们的立场和身份——这也是其他人最先“解读”的部分。在我的领导力研讨会上，当我们讨论身体意识时，我请参与者思考和练习示范了以下四个动作特征。

花点儿时间看看下面的表格，在以下四个领域给你自己从1（尚有发展空间）到5（最强项；本能行为）进行评分。

开放性	o 1	o 2	o 3	o 4	o 5
专注度	o 1	o 2	o 3	o 4	o 5
保持理性	o 1	o 2	o 3	o 4	o 5
灵活度	o 1	o 2	o 3	o 4	o 5

和本书中其他所有评估一样，此评估也没有对错之分，只是给你提供了一个自我反思和自我培训的机会，帮助你跳出传统的思维模式。当你阅读本章时，请时时回到这个表格中。问问你自己：“我如何通过身体来呈现开放性？我在何处封闭了自己？”“思维和身体的专注是什么样的感受，又是以什么方式呈现的？是什么让我偏离了中心？”“面临一连串纷乱的事项时，

我如何能使自己脚踏实地并保持理性？”“展现不仅是作为领导者的，而且是身体的灵活度，意味着什么？”

领导力不仅是关于思维或情绪的能力。让我们来一起探索印证了这句话的四个主要研究领域：身体作为语言、直觉的科学、领导力道场和环境。

身体作为语言

身体可以给予你最大的支持，也可能对你造成损害。多项研究已经证实，关注你的身体姿态，花时间休息和调整身体，尤其是在压力大或焦虑的情况下（比如在一场重要的演讲之前），能够重振你的信心和能力，助你在真正意义上为成功做好准备。

你是否知道你的身体如何“说话”？要理解身体型领导力，首先要了解你自己的身体——它如何支持或干扰你发出你想要的信息。和情商一样，非言语沟通的关键组成部分之一是我们的肢体动作向周围人传递即时信号的直接和间接方式。不管你的情绪状况如何，它都能够被迅速传递，所以，任何言行不一致的地方都会立刻显现。身体能比语言更快、更明显地传递信息。无论你天生倾向于使用肢体动作还是偏重于思维和 / 或情绪，高效的身体型领导力都意味着你能够意识到你的非言语沟通方式是如何与你的话语保持一致（或不一致）的。

一开始，我以为约书亚只是神经性痉挛了一下。这是他第一次与培训师合作，所以他可能是被吓住了。约书亚32岁，正值盛年的他雄心勃勃、行动敏捷、思维理性。他辞去了一家公司的市场营销职位，转而创办了一家技术公司。这家公司从只有少量订单的初创公司迅速成长为在电子商务领域为智能手机开发应用软件的公司，总人数超过200。面对日益壮大的公司，约书亚热情地为他的首席财务官、新任销售主管及其他成员聘请了培训师，他认为如果自己也开始参与培训，那将会给公司带来更多积极的信号。

我与约书亚的首次见面是在一个大型的会议厅。他滔滔不绝、富有激情地阐述了公司的目标、发展节奏，以及他对建立一支拥有精兵强将的团队的渴望。他掌握了高管演讲的基本要素：没有表现得过于死板或正式，适时做出手势，动人地讲述，最重要的是用整个身体关注着听众。很显然，这家公司代表他的梦想成真了，也证明了他的沟通能力给团队注入了对成功的渴望。我对此印象深刻。

但是，当我们在演讲之后开始首次一对一谈话时，我几乎不敢相信，坐在我对面的人与刚刚激情四射地鞭策员工的演说家是同一个人。他显得拘谨、生硬、心烦意乱，他的肢体语言——坐立不安、来回晃动、全身颤抖——准确无误地传递了一个信号：他根本不想待在这里。他的身体处于极不平静的状态。尽管他说话时相当自信，但我还是快速记录下了他紧张的表现。

问题是三期培训课程过后，我仍然发现，除了在讲话之时，约书亚在其他任何情况下都存在不安的情绪，而这种情绪会导致我分神。我们的身体姿态会影响他人，但只要你的肢体动作和你的语言匹配，就无所谓方式上的对错。对约书亚而言，他身上出现了明显的“断层”。他的演讲口齿清晰、具有权威性、言简意赅，讲话的节奏和语调都是典型的“阿尔法型”。但他的身体却完全是另一回事。

我做了个深呼吸，身体前倾，将手掌轻轻放在桌上，然后尽可能不带个人评价地问道：“你是否意识到你的双腿在桌下颤抖？你有没有注意到你经常焦躁不安地玩手机、钢笔或者任何手边的东西？”

他听完目瞪口呆，满脸通红地回答道：“我有点儿能量过剩，很难在一对一的会议中集中注意力，因为我总是在想工作中还有什么是我需要做的。”

我告诉他：“好吧，待办事项清单也许储存在你的大脑深处，但它却在前部和中部非常活跃——具体表现在你的指尖、腿部和双脚。我今天之所以提出这件事，是因为我对此感到很紧张。”

“哇，”约书亚说，“我从来没有想过我过剩的能量可能会对你造成负面影响。”

我告诉他，使他的“怪癖”和说话的方式及风度匹配——不仅对缓解我的神经紧张，也对他成为一名成功的领导者——非常重要。否则，他的团队只会感到他难以理解，甚至不值得信任。在我们的下一期培训课程中，他表现得稍微平静了些，但仍然坐立难安。他问了大量关于仪态的问题。我们很快便开始探索一些方式，帮助他改掉紧张时的习惯动作。

培养新习惯的诀窍在于对改变的渴求。如果仅仅是我要他纠正行为，那么约书亚决不会这么做，就算做到了也难以长期坚持。他必须是自己想要展示不同的一面，然后设计他能够追踪、强化并最终成功完成的实践活动。第一，他研究了自己焦虑的根源。他坦言，尽管在团队面前展露了自信的风采，但他确实担心公司的未来发展。他时常觉得有些力不从心，被他要对员工所负的责任压得喘不过气来。我告诉他，我合作过的每一位企业家都做过关于失败的噩梦，它伴随着职权而来，对此他没什么应该感到羞愧或者需要隐藏的。

我们一起探索了如何能使他更加自如地向团队表达脆弱性和透明性的问题（一开始他认为这不是个好主意）。我说："虽然不是在整个团队面前，但你在小团队或一对一会议中已经表现了如此明显的焦虑，所以，为什么不诚实地面对它呢？我推测你的团队成员会因此更加尊重你，而不是相反。"

揭露他真实感受的想法实施起来并不顺利，但约书亚答应向前迈出一小步，从他最信任的几位同事开始。当然，他们已经知道约书亚的紧张——他们能够像我一样凭直觉感知紧张的信号，所以他们不仅宽容地接受了他的自我表露，还告诉我，他们感到如释重负、颇受打动，因为他变得——用他们的原话来说——"更有人情味儿"了。将我们与更深层次的人性联结起来是脆弱性给我们的恩赐。对约书亚来说，这个方法很管用。

我们遵循的第二种办法更加实用。约书亚需要在会议中使自己的身体平静下来。但如果他的习惯性颤抖大多数时候发生在无意识的状态下，那他该如何打破这个习惯？我认为，吸烟和其他类似的积习能给处于高压中的我们带来暂时性的舒缓效果，像戒烟或者戒掉根深蒂固的行为一样，他需要尝试一些同样能够提供安抚，但又不至于太让他分心的活动。他答应在会议期间将手机放在够不着的远处，并让同事们照做。这对他或同事们来说并非易事，但为了能够让自己更加集中注意力，他接受了这个挑战。

然后，他找了一样物品，每当感到痉挛即将发生时，他就用这件物品来释放自己的能量（不是皮筋或者笔这类强化他的重复性动作的物品）。他选了一块拳头大小的好看的石头，是用风化的蓝色海玻璃切割而成的。将石头握在掌心可以向约书亚传递一种平静的力量。每当人们问到这块石头的来历时，他总会讲起在海滩上发现这块石头的趣事。对每个人而言，这都是一个愉快而轻松的小插曲。最后，针对他在中学时期就养成的抖腿习惯，我建议他不时起身走走，用这种更加不容易分心的方式释放自身的能量。他完全可以在说话的时候站起来，倚靠窗户，或与同事并行。

约书亚的成功在于他认识到了一个简单的事实：不论喜欢与否，他的身体都在代表他发出声音。他面临的挑战——对我们所有人都是如此——就是将语言、语调、语速与他的肢体动作匹配起来。伴随着新发现的自我意识和可操作的实践方式，约书亚很快就能平静地坐着，在每个时刻都做出理智的决定，不管他当时是否握着他的海玻璃。[3]

沉默的女人

琳达是一家大型生物医药公司的研发高级副总裁。我在首次见到她时发现，她的领导力风格倾向于“贝塔型”而非“阿尔法型”，她注重寻求共识，有强烈的好奇心，不爱出风头，有着超强的动力、高远的目标，对自己也有很高的期许。正如那些沉浸于科研的科学家一样，她在工作中求真务实，不带任何感情色彩，甚至显得有点儿淡漠——她是典型的思维型领导者。她正在与偏向“阿尔法型”、工作作风专断的新老板闹矛盾。她的升职路径似乎被打乱了，这让她感到被边缘化。她向我提出的问题是：“我的新老板当众诋毁我，不邀请我参加和资深人士的关键会议，还给我降职，让我去做低级别的行政工作。我觉得我的聪明和努力让她将我视为了威胁。我该怎么办？”

不仅如此，一些经验不如她的男性同事还获得了升职。她感到泄气，没有了工作动力。我们合作的前几个月是通过电话交流的，但我还是从她的语气中听出了她的工作环境并不理想，直到我们见面，我才意识到她的身体本身强化了这种负面动态。在午餐过程中，她讲述的故事听上去都似曾相识，但有一部分内容和我们在电话沟通环节中提到过的有所不同。特别是当甜品端上来时，这种情形尤为明显——她一直向下看地板，皱眉、抱臂，无精打采地坐着，这一切与她的说话方式惊人地不一致。

不管琳达试图用多么强势的语言来掩饰她的情绪状态，她都还是会让人一眼看穿。我建议她昂首挺胸地站立，放下双臂，将肩膀向后拉，面朝前方做出直接的眼神接触。当她深呼吸，并不时晃动下巴、肩膀和手臂时，她就会散发更多的自信，特别是在与那位居高临下的老板交流时。

随着我们合作的深入，琳达向我吐露了近段时间，尤其是在她那态度强硬、优越感爆棚的老板上任后，她的身体受到负面影响而出现的症状：失眠、抑郁、偏头痛等。她开始意识到，不应该忽视自己的身体。我们探索了她在生活中感受到自身强大的时刻。青少年时代的她曾是颇有竞争力的马术运动员。现在，她的女儿也正是她当年的年纪，是一名花式马术运动员，并在该项目比赛中获得了冠军。从她女儿身上，她能看到自信而年轻的自己。骏马与骑手之间的互动起舞呈现了琳达已经失去的某种力量，为她树立了典范。

最新研究显示，琳达的故事是一个创伤后压力症候群案例，多发于领导力架构中，特别是在当女性和有色人种被擢升至此前一直由白人男性统领的高级管理阶层。在一个由教练学院资助的研究项目中，高管培训师、组织发展顾问卡丽·阿诺德（Carrie

Arnold）采访了超过 50 名在男权文化之下被要求保持沉默和遭受创伤的女性，男权文化至今仍然经常对朝着领导岗位发展的女性造成阻碍。阿诺德总结说，被忽视或受到压迫可能导致情绪及身体上出现反应，就像琳达一样。阿诺德研究过的许多女性都患有纤维肌痛、肠道易激综合征、慢性疲劳综合征等病症，同时伴有严重的背痛、抑郁和失眠。[4]

此外，阿诺德的研究还表明了造成这些创伤的人并非总是男性。女性声音的式微可能源于所谓的“男性高管俱乐部”，但其“余毒”仍在。作为领导者和培训师，我们必须密切关注女性客户身上的症状，这些症状体现了率先表现在身体层面的压抑情绪，其表现形式包括疼痛、病症、抑郁，或者和倦怠、睡眠、糖分、食物等相关的问题。关键在于，我们都应当注意到沉默导致的痛苦，并采取措施来帮助客户及我们自己重塑身体的力量。

直觉及其中的空间

这一故事始于团队建设，终于自我表露。一家欧洲大型银行的金融产品副总裁是我们的客户，他找到我和我的合作伙伴帕斯卡尔，要我们带领 30 名销售和市场专家，在他们于里斯本召开的为期三天的异地会议中，利用半天时间上一次培训课程。我们的想法是让整个团队走出酒店并为他们创造一次学习机会，不仅让他们相互学习，还要让他们了解他们所在的这座城市、这里的文化和当地人民。而且，他们当中没有人会说葡萄牙语。

我们设计了一个寻物游戏，帮助所有人融入这座城市。他们有两个小时来搜集地铁代币、当地报纸、当地包装食品、菜单等。在搜寻过程中，团队需要与当地居民进行互动，劝说他们与自己分享来自职场的信息和物品。回到会议中心时，他们要用那些物品打造一座雕塑，用以代表他们经历的探险活动和获取的新知识。

我们想让员工们聚在一起，打破界限，了解彼此，再冒一点儿险。没有想到的是，这群思维型银行家找到了与当地居民交往的创新方式，克服了语言和文化的障碍，以及在陌生地域可能出现的焦虑心理。他们找到的物品、富有创意的搭建方式，还有他们分享的与陌生人交流的小故事，不仅造出了壮观的雕塑，还引发了深度对话，他们在对话中讨论了“伸出手”、打破藩篱及最重要的跟随直觉所带来的力量。

自此，我创设了许多版本的方案，帮助不同的团队将他们的关注点从思维转向身体，让他们来到外面的世界，实现直觉的飞跃，创建人际联结，探寻在这个世界观察和立身的新方式。研究人员一致认为，创造力和直觉与身体有着千丝万缕的联系。身体型领导力需要有尊重直觉并将其融入日常生活的意愿。不管你有多重视数据和分析，最终的突破都来自超越数据、穿透仅存于你大脑中的壁垒。[5]

领导力道场

我的好朋友汤姆·鲁茨（Tom Lutes）是合气道黑带大师、领导力教练，在他的研讨会上，我总能深化对身心联结的理解。他的工作就是提升我们有效解读和回应他人的动作及反向动作的能力，这也正是领导者在当今这个不断变化的世界中需要做的。

作为日本柔术的延伸，合气道的基本哲学理念诞生于20世纪早期。合气道的相关练习包括能够使“武士”击退对手并对突袭做出反应的身体姿势和动作。在汤姆教授的其中一个动作中，对手一开始各自站在道场（在日语中意为“学习的地方”）的对角，有目的地看着对方。然后，他们走到道场的中心面对面，做360度旋转，回旋踢向对角。这样做的目的是与对手“面对面”但又避免肢体接触，双方尽可能靠近对方，同时通过直接的眼神接触保持积极的交互，最后刚好落在对手刚刚站立的位置。听上去很容易，但在这段“优美的舞蹈”中，每一位选手都必须培养自己的平衡感，否则他们就会失去平衡、碰到对方，失控地打转。

鲁茨是《身体训练的艺术》（*The Art of Somatic Coaching*）一书作者理查德·斯特罗兹-赫克勒（Richard Strozzi-Heckler）的学生及合伙人。斯特罗兹创立了一家学院，将合气道的原则应用于领导力的艺术和技巧。30年前，斯特罗兹受邀训练美国海军陆战队。斯特罗兹发现，即使军人们高度专注、身强体壮，他们也还是缺乏必要的适应能力和灵活度来很好地应对现代战争中不可预知的动态。斯特罗兹相信，合气道能够通过融合思维、身体和精神，实质性地提升他们的作战准备能力。它也可以在任何情况下都有效地适用于领导力。从那时起，他训练了大量领导者，从初创企业家到《财富》500强首席执行官，而且，研究人员已经论证了融合情商、智商、身体智力的武术传统的益处。[6]

学习基本的合气道动作，其强大之处在于它让我们有机会经历模拟现实生活的动态。试想一下，当你每次沿着一条拥挤的人行道行走时，如果遇到一位陌生人，你的内心都要快速做出一个决定：是靠边站？还是站在原地，让陌生人绕过你？人际交互通常也会涉及类似的"权力之舞"。在如今等级之分不那么明显的机构中，合气道再现了高效的领导者如何在支配他人的权力的能量和与他人共享权力的能量之间自如地切换。最好的领导者会在需要的时候行使权力，指挥工作，但也能迅速转换到接收和应答模式，鼓励他们的同事和下属完整地表达自己的观点。他们可以在"阿尔法型"和"贝塔型"之间来回切换。

企业道场

鲍勃抱怨道："杰弗里，我真的非常沮丧。他们要我做那么多事，首席执行官却拒绝赋予我直接领导业务线高管的权力。"鲍勃加入这家金融软件产品公司任首席运营官不到一年，首席执行官要求他整合三个不同部门的业务功能，这让他措手不及、力不从心。即便首席执行官曾表示，为了实现这一工作目标，鲍勃会享有“直接领导权力”，但很明显，因为他初来乍到，这话成了空谈。这三个部门的总经理都运营了自己的生产线多年，并拥有高度的自主权，也都取得了不同程度的成功。所以，不管首席执行官说什么，要他们承认鲍勃的权力还是有些勉强。

当我初次培训鲍勃时，让我印象深刻的是他仅仅关注自己在组织架构中的位置，并觉得自己注定要失败。和许多领导者一样，他认为成功就是他能够获得直接管理业务线高管的权力。但是，我解释道，随着组织机构越来越扁平化，权力的传统类型对领导者的发展进步越来越不重要。

“我明白我需要使用你说的‘影响力’，而不是直接管控，”他回答道，“但我该怎么做？”鲍勃是“贝塔型”领导者，他会寻求共识，注重民主，八面玲珑，所以我们开始讨论，在他的三位更像“阿尔法型”的同事拒绝向他汇报工作时，他如何能够更好地影响他们。一开始，他想去首席执行官那里抱怨，但我们进行了头脑风暴，讨论了他如何重构这种困境，以便他能够将其看作以更具创造力的方式施展领导才能的机会。

作为一名“热切的运动员”，当我提出合气道的理念可能对他劝说同事配合工作有效，特别是我们谈到立场（kamae）、适应性（tai sabaki）及自由式（randori）时，鲍勃很感兴趣。第一条原则在日语中叫作 kamae，重点是要关注他与同事接触时的身体、思维和情绪基础。鲍勃需要观察自己的表现，并练习如何保持自己的专注度，不被动应对或者表露沮丧，哪怕他们拒绝了他的请求。成功的关键在于不要认为他人的话语和行为是在针对自己，而要在“攻击”面前保持平衡。

其中一位女同事掌管她的部门多年，拥有完全的自主权，当不同意某人的观点时，她的态度相当傲慢，几乎可以说有点儿粗鲁。作为非裔美国人，鲍勃非常注意避免被人认为是他们刻板印象中的“愤怒的黑人”，所以我们讨论了如何能够最好地“坚守阵地”。我们还讨论了于她而言可能很显著的基于恐惧的触发点：失去自主权？缺乏控制？对未来感到不确定？鲍勃的目标很明确：坚持他的立场，呼吸，保持冷静，避免用反击的方式做出回应，而要尝试合气道练习中的好做法，展现同理心。他以友善应对她的愤怒，便能将她的进攻化于无形。

第二个原则 tai sabaki，意为对同事采取一种不同的策略，即不仅关注他自己的事务，也主动关注同事们的需求，将他们视为合作伙伴而非对手。在现实条件下，他只要感到自己的请求可能遭到拒绝，就要尝试营造一个乐于分享的双赢情景。比如，当他得知面对他呼吁团结和节约成本的倡议，他们会拒绝放弃部分职能的控制权时，他会坦率地讲出各部门节省下来的开支不仅会使公司受益，也会以增加奖金的形式使每个人受益。

第三个原则是 randori，合气道的练习者必须在面对众多攻击者时“坚守住阵地”。对鲍勃而言，为了防止来自任何一方的任何举动试图分散他的注意力，他要保持专注。这意味着他要准备好抵抗高管、下属或公司的其他部门成员，他们都有可能出于行政动机破坏他的努力。randori 类似于在高峰时段步行穿过曼哈顿的中央车站。如何在人群中移动？你会靠边站、让他人先过吗？如果总是彬彬有礼，你还能抵达目的地吗？或者，你是否会（以真正的纽约人的风格）勇往直前并释放清晰的信号：别挡我的路！

鲍勃的成功实际上是在与同事的交流过程中运用了反思的方式——有时候发出工作指令，有时候也会接收反馈、圆融通达，也就是尽可能寻求双赢的局面。我有很多客户都在矩阵型机构中工作，这类机构中的权力关系不那么直接，权力在随时发生变化。当今世界正变得越来越没有秩序，同样地，机构的内部动态也是如此。randori 教会我们保持专注力，在不断变化的情形中灵活处之，这是对当今领导力的绝佳隐喻。最终，鲍勃不仅成功整合了三个业务部门的冗余职能，为公司节省了数千美元，还与态度强硬、一开始被他视为“宿敌”的高管们达到了新的合作高度。

环境

当蒂姆问我，是否有兴趣在 1 月为他在夏威夷的领导团队组织一次异地会议时，我立刻答应了。这相当于一次带薪假期，不是吗？是，也不是。尽管对隆冬时节在波士顿的人来说，夏威夷的确是一个极佳去处，但我和他的团队都有很多工作要做，我们漫长的讨论会议从日出持续到日落。当然，我们也会通过远足、打高尔夫球和游泳来稍做放松。后来，事实证明，这些活动都有利于团队建立联结，帮助他们“松开头发”，更加坦诚、更加放松地互相了解。

表面上看，在波利尼西亚海滩上举行的团队会议会比位于马萨诸塞州的写字楼 13 层的会议进展得更为顺利。但更深层次的真相是，这个医生领导团队所讨论的战略规划在任何会议环境下都具有挑战性和对抗性。他们需要对影响组织未来几年发展的政策和投资做出决策，而且一开始他们的意见并不统一。作为董事会主席，蒂姆知道团队需要一位协调人员帮助他作为同事和朋辈加入团队，在避免主导会议讨论的情况下提出有建设性的意见和建议。

他也明白，处在一个有助于隔绝工作中的日常干扰的环境中价值几何。这不仅使我能够作为一名局外人士为他们提供帮助，并分担他们的强烈情感所带来的巨大能量，也可以使他们从会议讨论中解脱出来，稍事休息，去远足、游泳、打高尔夫球，并建立普遍的联结。蒂姆意识到了工作和休闲的同等必要性，以及将社交活动和锻炼融入动态的益处，使这次活动真正取得了成功。

地点很重要，氛围也很重要。我的许多客户已经开始认识到这一点，即便他们当中有的人并没有足够的资金将公司高管们送到热带岛屿度假。越来越多的领导者开始理解环境如何影响创造力、活力及团队的工作表现。研究持续指向关注风景和氛围的价值、个体与公共空间之间的平衡、与自然的联结（或脱离）。对想要充分发挥潜能的人来说，我们需要超越肉体去思考赖以生活、工作和休闲的空间，包括实际意义上的和字面意义上的空间。我们的空间就是我们存在的延伸。[7]

不管是位于中央公园的一棵百岁柳树，还是俄勒冈州某个小镇边的一条流淌的小河，自然界的一切都是我们最伟大的老师。当我们走到户外与自然互动时，我们会重新认识一个发人深省的真相：我们所有创造力的一个基本来源是地球本身。我的创造力培训师、《书写风景》（*Writing on the Landscape*）一书的作者詹妮弗·威尔霍特（Jennifer Wilhoit）提醒我，每当她在写作或创意项目中陷入困境时，她就会到林中漫步，双膝下跪，触摸大地。“美丽会带来美丽。”她说，“我们随时都可以享受大自然，它总是在聚集并提醒我们关注它的慷慨馈赠。为了补充能量、重新激发我们的好奇心，我们需要停下来，观察、触摸这个孕育了一切创造力的本源——地球母亲，并与其建立联结。”[8]

行禅（walking meditation）是从办公室“转移阵地”的好做法，但这并不意味着单纯的观光。感受足底的大地，触摸看到的石子，握住一片飘落的树叶——这些简单的动作能使你平静下来，聚精会神。见证万物之美的简单行为使我们的能量从自我关注、无尽的待办事项及创作过程中的挫败感上转移，提醒我们，我们生活在一个比大脑宏大得多的自然之中。

如果你感受到创造力或人际关系上的阻碍，你可以步行穿过树林、沙滩、田地或者溪流，也可以观赏日出或日落。思维的火花将被重新点燃，因为美丽会带来美丽：你身外有什么，你的内在也就有什么。这对每个人都随时适用。当我们进入将个人与创造性高绩效团队结合的领导力实践时，请注意，最新科学发现强调了打破人为区分大脑、心灵和身躯的重要性。每一个来到这个世界上的全新构想，无论是科学上的突破还是世界顶尖的艺术，其旅程都始于神经递质、生化分泌物、肌肉、神经元和突触构成的复杂网络。作为理性的力量，我们从来不曾超越我们的身体，而身体也从来不曾超越地球。从头顶到脚趾，我们的身体都是体现自然、联结及创造力本身的精调仪器。

第九章

精诚合作

——从权力关系到伙伴关系

当进入合作和参与的章节时，请暂停一下，问问自己：是什么促成了世界级的合作？你是否认识优秀的合作者？他们是怎么做的？当我提出这个问题时，我的客户们首先提到的是，优秀的合作者都是优秀的倾听者。完全正确！那么，优秀的倾听者是如何倾听的？他们会为他人创造安全的发言空间，花时间关注对方所说的内容，确保每个人的话语都能够被他人理解，也通过他们的语言、姿势和身体专注力表明对他人的尊重。我们现在处在三维领域。我的意思是：精心“烘焙”的合作可以做出美味的三层（认知层面、情绪层面、身体层面）领导力“蛋糕”，这是一份完美的“配方”。

第一次见到葆拉时，她的友善与合群让我印象深刻，她展现的富有创造力的火花也让我立刻喜欢上了她。我无法想象有人会觉得很难与她共事。她并没有一上来就表现领导权威，更没有显得凌厉和严苛。而且，我的直觉告诉我，从本质来讲，葆拉并不是一个在团队管理上到达顶峰并回归于领导权威的“阿尔法型”领导者。她将自己的领导力风格描述为灵活、善于合作，但她也承认她对自己和团队都有更高的期望。她做了一些大胆的，甚至是有些夸张的声明，例如她为公司客户“想到了很棒的想法”，也为他们“提出了制胜策略”。但她说得也不算离谱，作为数字媒体的项目负责人，她仅用了四年就证明了自己的演讲技能、想法、尝试各种方法的意愿，不仅给她的上司留下了深刻的印象，也带来了更多的回头客。她的老板告诉我，她是个值得关注的人才。

但是，也是这位老板私下告诉我，她的团队正处在水深火热之中，她与她的团队成员相处得很艰难。一些初级助理甚至拒绝和她共事。要让她明白她可能没有自己想象中的那么善于合作可能会有些尴尬。我们讨论过，对杰出人士而言，反馈意见尤为重要——也尤其令人难以接受。之前，葆拉承认，有时候她也对公司矩阵机构的复杂性感到头疼。作为一名创意总监，她聘请了图形艺术家、设计师、软件工程师和分析人员参与她的项目——他们通常也要向自己的上级汇报工作。她对他们没有直接管理权，所以让员工这样同步工作是一项巨大的挑战。她告诉我：“如果我可以雇我自己的人，将他们一手培养起来，那么我的团队会赢得更多业务。”

她不愿担负任何关于她的团队动态的责任，这显然说明，她尽管令人印象深刻，但也有非常严重的盲点。和大多数千禧一代客户一样，葆拉做事的出发点非常好：她相信培训的作用，重视反馈意见的价值（特别是积极的反馈），也致力于为她自己和团队创造平衡的工作体验。我以前也见过类似的情况。无论如何，她确实应该为职业生涯的辉煌而奋斗。但在当今这种非层级关系的职场中，高效的合作很可能是青年领导者必须解决的唯一也是最大的挑战。他们面临着双重挑战：员工想得到反馈意见、支持和指导，但不想与传统的“阿尔法型”老板共事。我请葆拉重点关注两个问题：如何领导一群没有太多直接领导权，并且更多关心自己职业发展的员工？如果这些员工愿意努力工作，但前提是要在和谐、平等的氛围中，那她该怎么做？

葆拉能够迅速签下合约，给客户留下深刻印象，在公司里也以创新和勤恳著称，但在我见到她时，这些声誉已经成了一把双刃剑：高管们认为她是一颗冉冉升起的新星，但她的同事和下属认为她以自我为中心并沉迷于自己的贡献。她很少让团队成员参与给客户的演示，总是扼杀团队中的异见，而且从不迟疑地在客户面前邀功。葆拉要么被捧上了天，要么就有出局的危险。庆幸的是，她意识到自己已经处在这个临界点上，也愿意思考如何用更好的自我意识与合作技能来弥补自己的短板。她告诉我，她希望做点儿对的事。

葆拉征服了对当今领导力最重要的挑战：有效的合作。没有神奇的公式可供参考，但有许多已经被证实的、每一位高效领导者都必须成功探索的阶段：

（1）优化对权力的使用。

（2）评估和培养人才。

（3）将一个各成员迥然不同的团队变为一个团结统一的集体。

（4）提供有用的、可用的反馈意见。

（5）营造一个安全的环境。

（6）通过培训和训练进行授权。

这样做的目标是创造一种合作文化，在这种文化中，雇员们不仅会对他们的老板和公司忠诚（这在当今善变的商业环境中并非易事），自身也会获得良好的发展。

权力的行使

我有许多培训项目都始于对权力的讨论。明白如何从演讲台、谈判桌、手机或者视频获得并使用权力，对之后的一切都至关重要。如果你不知道如何、在何处及为什么利用你的影响力，那么“精诚合作”这句话就是知易行难。领导力就是使用权力的能力，但这种使用必须是有意识的、认真负责的。当我们行使权力的时候，不管多么谨慎，如果我们不了解自身的强项和倾向，那么我们该如何拓展能力呢?

葆拉认同以鼓励的方式施展影响力是她成功的关键。但当我问及她行使过何种权力时，她只能说出几种比较显著的：职位权力和专业权力。我告诉她有多达 10 种权力类别，这让她很惊讶。

以下是我分享给葆拉的清单。请思考你所使用的权力类别。权力是从一个物体施加到另一个物体上的能量。重点在于它是如何被应用的。

（1）**职位权力。**来自组织职权或职位（葆拉的权力来自她的“总监”身份）——手握权力的人常常会忘记这一点，而没有权力的人则很少忽略这个事实。

（2）**信任权力。**来自外部——基于他人的信任和与他人的关系所获得的权力和信赖（例如，有一位受到高管层尊重的同事会强化你的权力）。

（3）**专业权力。**来自智慧、经验和技能（例如，在社交媒体领域有丰富知识的人会广受尊重）。

（4）**思想权力。**来自一则理念、愿景或分析。它可以是创见或头脑风暴，可以是“自爱”或“解放”这样的理念，也可以是基于历史的意识形态，如民主或资本主义。

（5）**阻碍权力。**源自间接或直接的强迫、限制和抵抗的能力。它可以增强其他形式的影响力。许多活动家都很擅长使用这一权力。

（6）**个人权力。**包括个人精力、说服能力、情感共鸣、富有感染力的激情、吸引力和个人魅力。

（7）**机构权力。**由与机构相关的职位直接行使的经济、法律和政治权力（比如“会员”特权、审查许可等）。

（8）**文化权力。**关于种族、阶级、性别认同的文化规范、条件和特权的表达。和职位权力一样，它通常用经济和教育上的特权或优势进行巩固。

（9）**人际权力。**通过非层级网络或矩阵关系网向外传播信息，参与和激励他人的行为，进而扩大自身影响力（“涟漪效应”）。

（10）**朋辈权力或合作权力。**在领导者以互惠的方式行使权力、提升双方地位时被激活，通过建模、验证和反馈来对他人的个人权力进行利用。[1]

当我提及这些时，葆拉不仅辨识出了大多数的权力类型，也表示她时常对她的团队这样做。她立刻明白了自己不只行使过职位权力和专业权力，也有信任权力，比如每当她利用自己与他人的交情和联系时。当被问及如何使用阻碍权力时，她笑了笑，讲述了她起身直面来自其他高级别领导，甚至来自客户的反对意见时的情形。她知道自己以毫不退缩著称，而且这一点在大多数时候的确对她有利，但当我提醒她，她似乎将阻碍权力用在了她自己的员工身上时，她非常惊讶。

她承认道：“我绝对不是有意的。有时候我会态度坚决地命令他们做事，但我并不觉得自己是在威胁他们或表现得很自以为是。”

“真的吗？”我追问道，“你知道你的强硬指令是如何对基层员工造成冲击的吗？”

“好吧，我的确在客户面前常常尽力缓和我的态度，但对自己的团队成员就没有那么多的耐心，而且我还对他们寄予了更高的期望。”

“行动中的权力动态。”我指出道。

“我明白了，”她回答道，“我需要更加清楚我拥有并且使用的权力类别。”

葆拉理解了与他人合作及拓展人际交往关系的重要性，也知道了这是她的权力“箭袋”中比较保守的“箭羽”。很多像她一样的千禧一代都更容易受到对等影响力的激发，仅仅自上而下地展示权力是行不通的，所以我们讨论发现，她如果重点行使人际权力，就可能会更好地发挥团队的优势。她对这一点有点儿困惑，因为她的主要关注点都在客户身上。她总是认为建立人际关系会占用太多时间，也因为急于取得结果而压力倍增。

这种情形很常见。我有许多偏向“阿尔法型”的客户从理论上都知道合作权力的价值，但是他们仍将高管层和客户的需求放在更加优先的位置。我提醒葆拉，每一位伟大的领导者都会在某个特定的时刻认识到一个明显的事实：关注员工的满意度同样重要，因为没有他们就没有客户。我认为，仅仅花上 15 分钟与她的项目团队成员或公司其他部门中的关键人员进行交流，或者请她的员工更加积极地开展合作，这种做法并不会拖她的后腿，反而可能会节省她的时间。还有额外的好处是，她很可能可以扭转自己作为强势领导的形象。

当我请葆拉思考她职业生涯中最为宝贵的时刻时，她承认，帮助她获得晋升的是她与职业导师——也就是前辈或上级——之间的对话。她非常感激自己在个人目标上得到的反馈和关注，也深知其重要性，特别是在没有多少捷径可走又很难认清方向的职场上。她进行的人际交流充分利用了她的朋辈关系，助她在职权范围内外开展合作，它已经并将继续对她的成功发挥至关重要的作用。[2]

必要的思维转变归根结底在于她认识到了要想取得成功，她就离不开她的同事们。由于环境需要，以及她以行动为导向的果断风格，葆拉不太可能成为一位“贝塔型”领导者，但没有关系。有所改变的是，她意识到了更加包容、做一个更好的倾听者的重要性，也会时不时邀请她的同事一起喝咖啡——利用、重视、肯定他人的贡献。

向上看的“潜望镜”

下一步是优化你领导的任何团队中每一位成员的才能。自下而上进行团队能力建设——从强项到强项。矩阵环境中的管理者容易犯的错误是，当为了短期项目在其他团队招募人才时，他们会把全部注意力集中在完成这个项目所需的能力上。这不无道理，但也导致仅仅为了解决当前的项目难题而招募人才，在项目结束后，他们又会回到自己的核心团队中。我问葆拉，假如她作为一名功能专家或基层员工加入一个项目团队，在任务完成后便被遣散，她会有何感想？

“我看到了风险。”她承认，“尽管从技术层面来说，直系上司才对他们的职业发展负有责任，但我知道如果是我，我在离开的时候也会感觉自己被利用了。”

成功的关键不在于将团队成员视为“项目机器”中的齿轮，而是以更宽广的视角看待他们——是的，要将他们看成满足你当前需求，也能实现公司战略发展的资源。试着将你的视角转为朝上看，用广角镜头观察周遭的环境。如果你能拿着你的“潜望镜”向上看，也就是说，将你自己投射到未来更为重要的领导角色上，你就会把加入你团队的人——哪怕是暂时加入的人——视为公司整体能力的重要组成部分。他们的个人成长与机构的成长类似，你也有责任对他们的发展投入时间和精力。

葆拉明白了这一点，但她仍有疑问：你如何知道一名员工能够在直系领导的指令之外为你做事？举个例子，如果她需要为客户提供一份社交媒体计划，她就得找到某个懂社交媒体营销的人。除此之外，她并不清楚他们的期望、目标或者职业发展轨迹。

那么，我们要做的第二步就是构建一个合作型的工作环境：确认“甜蜜点”（sweet spot），也就是团队成员的技能与其成长优势的交叉地带。当领导者认清了员工身上的“甜蜜点”，他们就必须做出承诺，为他们进一步发展自身技能寻求机会。领导力应当是互惠的：你为了项目需求利用了他们的时间、精力和忠诚，那你也应该有所回报——为他们提供成长的机遇。[3]

以下三个步骤可以帮助你们双方实现这一目标：

（1）**评估优势。**与加入项目团队的每个人谈话，了解他们能为团队带来什么，表达你对他们能力的重视，阐明你希望他们如何发挥自身的能力以确保项目的成功。

（2）**识别“甜蜜点”。**问每一个加入团队的人：你的个人野心是什么？你希望几年后自己的发展是什么样的？要实现这样的发展，你需要掌握何种技能？尽管你现在没有这方面的技能，但你最希望成为哪方面的专家？同时，从他们的直系领导或与他们共事的其他同事和利益关系人处搜集数据，掌握他们的发展需求。

（3）**尊重抱负。**承诺为他们寻觅供他们探索或扩展的空间，或者想办法使他们在团队中或公司内部受到更多关注。

总而言之，对于任何加入你团队的人，即便他们只是暂时在你的团队中工作，你都要完成三个步骤：评估、“结盟”、双向承诺。一旦建立这一基准，哪怕是指令式的“阿尔法型”风格，也会更容易被接受。而且，如果你需要用职位权力回应客户需求或时间限制，这样做规避负面后果的可能性也会极大提升。

将群组变成团队

到目前为止，葆拉已经取得了两项重大突破：第一，她认识到激发多种权力来源的价值；第二，她明白了从下属的有利视角来看，当他们将工作和抱负联系起来时，他们的工作积极性就会高涨。即使花上一点儿时间讨论他们的强项及对项目的参与如何推动他们的个人发展都是值得的。

对她的角色进行重构支撑了我的下一个问题。“一群人只是因为你的一个项目聚集在一起，他们会自动形成一个团队吗？”我问道。

“当然。”葆拉条件反射地回答道，“一旦这些人被分配给我，我们便会开会，构思演示文稿或提案，制订项目计划和工作时间表。从那一刻起，他们就在我的团队中了，难道不是吗？”

“也许吧。”我回答道，“但你仅仅是将一群人召集到会议室并给了他们一份工作安排表，这并不意味着你拥有了一支真正的团队。团队和群组的区别是什么？”

事实上，关于功能型群组和团队之间的区别存在很多争议。然而，已经得到深入研究的是领导者需要采取何种举措，来提升将群组变为团队的可能性。根据我的经验和最新研究，有五个必须解决的关键因素。

（1）了解你的“为什么”。如果葆拉想要培养团队精神，那么她需要将工作安排与更能引发情感共鸣、更有雄心壮志的信息联系起来。正如机构咨询专家西蒙·斯涅克（Simon Sinek）在《从问为什么开始》（*Start with Why*）一书中提到的，她需要分享她的“为什么”。作为第一步，领导者需要退后一步，花点儿时间思考如何将工作和他们的深层价值观联系起来，并回答下面的问题：为什么这个项目很重要？为什么我很重视它？为什么员工们也应该重视它？从此处开始沟通能够激发团队合作所需的激情，激励来自不同群组的人——不管他们是工程师、会计，还是销售人员、产品设计师，等等——即使这只是暂时的合作。

（2）**设定能够实现的目标。**在目标设定方面，常见的代表有效目标的首字母缩写为SMART，即特定的（specific）、可测的（measurable）、可实现的（achievable）、相关的（relevant）、有时间限制的（time-limited）。但领导者如何与员工一同努力以共同实现，甚至超越那些既定目标这一问题通常容易被忽略。团队需要哪些资源？什么样的支持机制能够恰到好处地确保团队获得成功？老板们常常在设定目标和时间表之后，便迅速切换到跟进模式：已经完成了什么？最新进展如何？结果就是在（涉及能量、支持、反馈的）后续工作中，“如何做”的环节被忽略了。如果未能在截止日期前完成任务，或有人的工作没能达标，领导者就会失望、懊恼，员工们也会感到泄气，宝贵的时间也被浪费了。

设定目标是最简单的环节！识别公司目标和个人成长之间的“甜蜜点”，明确期望值和可利用的资源，这才是最重要的。目标只是一个起点，它在整个过程中可能需要被摒弃或者被重新评估。我见过一些高度重视他们的目标的领导者，即使客户或上司已经转而关注其他的优先事项，他们仍然坚守着一开始的目标。我们可以将这种行为称为因为一棵树而失去了整片森林。目标只是学习之旅最初的一步，在这趟学习之旅中，我们要探寻什么因素能起最大的作用，如何通过对话发掘正确的目标，妥善处理员工的内在动机水平，应对团队内部的不协调，并致力于提供支持性的资源。

睿智的领导力不仅仅需要“睿智”的目标！

（3）**调整预期。**一旦团队开始融合，设立运作准则就显得非常重要。葆拉在这个阶段的角色是要与她的下属共同制订团队如何处理分歧的原则，以及涉及专业性、尊重和礼仪的基本规范。如果没有矛盾的爆发或者某人的不当行为，这些原则通常都是隐性的，但这些情况一旦发生，就可能损害士气，制造混乱，并使团队工作停滞不前。对领导者而言，最基本的是要明确表达期望，就团队成员如何对待彼此进行开诚布公的对话。他们还必须言出必行，对他们支持的规范和准则率先进行垂范。

关于如何使用电子邮件和电话的相关准则鲜被提及，直到它发酵出侵蚀性的作用。在高压状态下，领导者有时会首先收起他们的幽默感，或者将电子邮件和电话一并忽略。相反，他们会转而使用具有指令性的、简单粗暴的信息：“你做了吗？”“我没有收到那张票据。它在哪儿？”我们很容易忘记，即便是我们都在使用的简单的短信，都容易带有失望或者不耐烦的情绪，哪怕我们并非有意散发这种情绪。这种短信很普遍也很简单，但其破坏作用却是惊人的。讽刺的是，这些所谓的智能工具常常会成为“愚蠢的信使”。

要想通过技术手段快速进行事务处理方面的沟通，就要对其进行巧妙且小心的使用。如果你的手指在键盘或平板电脑上打字时受到了情绪的驱动，请先停下来。我们都知道，在驾驶时发短信是绝对的禁忌（而且在很多地方是违法的）。同样地，在匆忙、愤怒、焦虑的时候发短信也无异于制造一场事故。要始终牢记，作为领导者，是你在设定团队的基调。发推文之前，请先让自己冷静下来。

（4）**实行前馈。**我们讨论过，千禧一代重视反馈信息。他们希望知道自己所做的工作是否同时满足了个人需求和团队需求。许多公司犯的错误都是把反馈程序设定为一年一度的人力资源正式程序。研究指出，要想充分发挥人的潜能，持续给出适时而具体的反馈，即使是建设性的批评，也比在项目结束后或者一年后再给反馈更有价值、更具激励性。我最成功的客户们都会进行持续的反馈交流，有时候是一个星期一次。一位电子商务行业的客户将每个周五设置为“反馈周五”，在这一天里，团队领导者们需要评估每一位员工在某一领域的发展和进步。[4]

葆拉已经明白反馈的价值，她会定期搜集客户意见。她通常会在会议结束之前询问他们，希望她的团队专注于哪个领域或者在哪个方面有所改进。虽然她没有意识到，但其实她一直以来都在运用一种前馈的形式。她说她的客户们都非常喜欢这一方式，因为无论如何这都表明了她在努力倾听他们的需求。

现在，是时候将这种工作方式延伸到她的员工身上了。

（5）**创造安全空间。**下一步，回想一下你是否创造了安全的心理环境。哈佛商学院的研究员艾米·埃德蒙森（Amy Edmondson）多年来一直在研究该问题，特别是在医疗保健领域。她的研究要点是：即使是在明确的层级制度下，给予任何想发言的人明确的许可仍然是成功的关键。正如我在手术室中观察到的一样，外科医生、麻醉师等训练有素的医学专家聚集在一起，从事外科手术这项耗时虽短却高度紧张的工作时，协作对积极的结果至关重要。主治医生和住院医生可能是具体的实施人，但每个人的角色都应当受到尊重，每个人的声音也都应当被听到。简而言之，安全的手术室有助于造就健康的患者。

根据埃德蒙森的观点，心理安全意味着：

- 人们感到能够并且受到鼓励说出自己的观点。
- 在对合作有利的前提下，超越职能界限与上级 / 下属交换权力动态的行为会受到鼓励。
- 持续学习，同时定期汇报工作，提出问题：哪些做法有效？在哪些地方我们能做得更好？
- 有明确的和可接受的风险承担能力。

（当然，最后这条关于风险承担能力的理念会因为团队的不同而大相径庭。在创新环境下，为实现提出新产品或创意方法的目标而承受的风险比在手术室中承受的风险有意义得多。）[5]

葆拉认为没有必要与她的团队讨论心理安全，因为她允许下属在发现问题时大胆地说出来。

“别轻易假设团队里的基层人员、新人或来自其他文化背景的人有足够的底气和自信说出他们的想法。”我警告她，“除非你明确表示会重视他们的意见，否则很多人可能不敢说。如果你的团队里有内向的人怎么办？如果你假设大家都能说出他们想说的任何意见，那又如何保证获取最佳意见呢？性格外向的人会控制局面，他们大多数都是男性，对吧？”

她笑了："就在昨天，我的团队里的一位男同事在众人面前咆哮了起来。他好像觉得自己有权掌控团队。"

她向我证明了我的观点：创造一个让每个人——特别是少数族裔和女性——感到安全、包容的环境，对当今团队充分发挥潜力、激发团队里每位成员的才能具有至关重要的意义。

授权 +：培训和指导

葆拉最终明白，成功建立一支高效能的团队和劝说客户采纳她的提议一样复杂，但也同样有成效。她已经准备进入最后一项（也许是最重要的一项）激励她团队的要素：通过培训和指导，将思维方式从委派和指挥转向赋权。当然，区分这些概念本身也是一个难点。

指导和培训都意味着支持他人学习和成长，但使用的是完全不同的权力来源。在指导性对话中，动态是围绕导师的专业知识构建的：将更有经验的人的知识和智慧传递给层级较低的人。和所有教学形式一样，这种关系固有地涉及"权力控制"的构建。

而培训则是一种较为理想的伙伴关系，即使培训师是老板，受训者是下级，一旦处在培训模式中，层级制度就都会最小化。领导者将视角从博学的长者转换成了对他人给予支持和帮助的同事。重点是支持受训者更加清楚地认识到他们自己解决问题、确定个人抱负、识别盲点的能力。对领导者而言，如果他们希望得到反馈或召开设定目标的会议，等级扁平化可能尤其会让他们感到困难或者尴尬。反馈当然是培训动态中的一个环节，但是要想让它在这种背景下奏效，它就必须强调积极的方面，即重点关注有效的内容，而不是消极的部分。神经科学表明，领导者以负面反馈开启工作最容易感到失望、消沉。

如果葆拉希望团队成员们情绪饱满并致力于改变，她就能看到培训性质的对话、环境和时机的重要性。即使一期培训课程只有短短几分钟，或者你发现自己需要在培训师和导师之间来回切换身份，退后一步，思考当下的环境及你的受训者或受指导者是否对发言感到安全，都是很必要的。和我们检验过的其他内容一样，身体是合作的重要组成部分。如果你感到有压力或失落，你的同事将会清楚地听出来和看到。

最终，你说的话和提的问题不管多么富有巧思，都可能是高效的培训环节中最不重要的组成部分。我告诉葆拉，有位高管在培训工作上鲜有成功的案例，即便他做足了功课，提了开放式的问题，关注了积极的方面，并且尝试着表现得更像一位同事而不是领导。他所做的都是正确的，除了一件事：他在做培训的时候向后靠在自己的老板椅上，双手枕在脑后，双脚搭在办公桌上。

“我明白了。”葆拉说，“不管我的上司对我说了什么，不管他说的话有多么鼓舞人心，如果他说话的时候靠着椅背、脚抬到桌上，我就会知道他只是在走过场罢了。他并没有真正关注我的个人成长，他只是在例行公事。”

细节决定成败。

安静的领导者

你可能会问：“如果我已经是‘贝塔型’领导者了，那我能跳过这一步吗？”答案既是肯定的，也是否定的。的确，很少有“贝塔型”领导者会为团队协作而头疼，但这种情况也不是你想象中的那么少见，他们面临的挑战同样令人却步。如果你天生就是一位善于倾听的人，以达成共识为导向，性格包容，那么你就能够进一步改进自己的方式。说到协作，至少有三种类型的“贝塔型”领导者成了自己最大的敌人：共识构建者，他们对开展对话有强烈的热情，最终导致出现无法得出结论的无休无止的讨论；头脑风暴者，他们永远无法获得足够的创意（我们将在下一章谈到这类人），这使得他们的团队感到无助和不知所措；性格内向者，他们天生觉得别人说话时自己更为自在，索性选择退居幕后，放弃作为领导者的角色。简而言之，物极必反。“贝塔型”领导者有时候可能会过度使用他们自带的“协作基因”。

肯德里克以前是一名中学教师，现在是曼哈顿一所特许学校的副校长。他是我们在中学时代都喜欢的那种校领导。我与他的合作旨在完善和优化他已经很强大的合作技能。他不算是一个内向的人，却是极好的倾听者，他也倾向于授权给老师们，请他们就机构和纪律问题提出他们自己的解决办法。但当我见到他们时，我能从他们的肢体语言——翻白眼、双臂交叉——看出他们对缺乏肯德里克的指导感到沮丧。讽刺的是，每当他放弃自己的领导角色，让老师们自己解决问题的时候，他的赋权意图最终都会适得其反。

员工普遍认为肯德里克是一位值得信赖的正面榜样，但他仍需改进做法。他的挑战是要更加清楚地了解自己的个人愿景，为自己和团队阐明目标。说起培训师和导师的区别，对学校的老师们而言，他已经是一名很棒的培训师了，但有时候他也需要做一名导师，为他们的成功指明道路，而不仅仅是和他们开展对话。

每当我对面坐着一位非常善解人意、圆融得体，通常也有些内向的经理时，我们最终都会关注那些最初显得违背直觉或本能的地方：他们需要占据更多空间。他们不采用指令的方式，而是通过劝导式的倾听和领导一路走到了现在的位置，但在发挥领导作用对团队成功至关重要的情形下，他们选择了退缩。

我喜欢对内向型的领导者引用我之前提到的苏珊·凯恩的优秀作品《安静：内向性格的竞争力》。我提醒道，要使我们的文化更加包容、接受更为广泛的领导风格，唯一的办法是他们至少得偶尔站出来一两次！凯恩本人也是一个内向的人，她以前从来没有想过去做一次百万人观看的 TED[1] 演讲。也正是在这次演讲上，她提到了代表人群中的这部分人发言是何等具有挑战性，因为他们宁愿后退、倾听，也不愿站在聚光灯下。

▶ 快速训练：从“阿尔法型”到“贝塔型”

（1）**权力下放。**回想你采用的权力类型。找一位能够娴熟使用某种你不具备的权力类型的榜样人物，将这个权力类型学到手，然后问问他，如何、何时、为何使用这种权力。想一想，成为追随者型的领导者意味着什么，找机会颠覆原有的层级制度：向他人赋权，让他人来领导你。

（2）**权力交叉。**想象你周围的人际同心圆，并评估如何利用你的人际网络和利益关系。想一想集体领导模式的潜在好处。你在何处能够拓展人际交往圈？

（3）**识别“甜蜜点”。**探寻你个人及团队的优势。要求每名团队成员识别他们自己的“甜蜜点”，帮助他们为未来的学习和成长制订明确的计划。

（4）**区分“指导”和“培训”。**请注意指导的“权力控制”动态和培训的“权力共享”模式。了解二者的区别，并将二者付诸实践。问问你自己：“我是一个善于给出建议的专家（指

---

① TED 是美国的一家私有非营利机构，该机构以它组织的 TED 大会著称，会议的宗旨是“传播一切值得传播的创意”。——编者注

导），还是一个在探索和识别机会的同事（培训）呢？”

（5）**构建安全的环境。**关注你开展合作的时机、身体语言和环境。问问你自己：“我在倾听吗？我是否在鼓励他人大胆说出他们的观点？我是否在将错误和失败转变为学习的机会？我仅仅在意自己正确与否，还是会去寻求更多的成长机会？”

▶快速训练：从“贝塔型”到“阿尔法型”

（1）**权力上移。**优化团队对话和反馈环节：发出指令，保持专注，准备一份会议议程，让每个人都参与其中，不要遗漏了你自己。提前明确每次会议的目的，阐明你的目标和意图。

（2）**结对。**和更善于下达指令的同伴合作，承诺相互给对方培训。花更多时间和精力与他们对话，在倾听和非言语行为方面做得更好，同时遵守纪律、注重效率、保持率真。

（3）**伸出手。**问问你自己：“我可以通过参加哪些活动来扩大自己的知名度和影响力？”立志构建你的人际网络，即便有时候这个网络中只有一个人。建立一个由合作伙伴组成的网络无关乎数量，而在于不断拓展和延伸这一联结。

营造合作的企业文化

我们已经看到，许多领导者正在摒弃老式的机构架构，并以新的实验模型取而代之，这些模型能够使层级扁平化，在团队成员之间传递权力，并充分利用人际网络。新兴企业也逐步意识到，要想实现发展的新阶段，他们需要最好的点子——如我们所知，这些点子并非为顶级企业专属。包括鞋业公司美捷步（Zappos）在内的许多企业已经采取措施取消了层级制度，以合弄制[①]管理模式取而代之。在合弄制模式中，员工会轮流进出项目圈，在必要的地方分享领导力和应用技能。

后工业信息时代式微，创造力的时代正在崛起。我们先前讨论过的由实证驱动的员工激励因素——自治、关联、效能，意味着最重要的是营造合作的企业文化。无论是在合弄制还是在其他架构下，职场的本质正在发生变化。当今的扁平化机构要求员工具备领导力且能够更好地开展合作，不管他们处于什么职位。

罗格斯大学医学院外科主任近日评论道："在手术室中，外科医生或许仍处在金字塔顶端——毕竟，手术由他操刀完成，但是，在研究成果时我们可以发现，团队合作至关重要。"观察到特定文化的变化——外科医生在手术过程中成为培训师，这对我来说无异于一种启示。但这并不总是那么容易。一位医生曾与我分享道："我们受训成为手术室中的完美主义者，我们遵循严格的方法，否则患者就可能死亡。而培训却更为精妙——我从来不

---

① 合弄制（holacracy），也称全体共治，被认为是一种"无领导管理方式"。它将公司组织架构去中心化，一项工作被看作一种"角色"，同一个人可以选择承担不同角色，和其他人配合完成工作，按照角色分配权力。——编者注

确定自己是否完全做对了！”

我提醒她：“当我近距离观察一台手术时，最打动我的是其间每个人都需要的高水准的倾听能力、专注力和充沛的精力。要想成为一名伟大的培训师，这几样一个都不能少。我可以肯定，你们每天都在这样做。”

只要愿意花时间和精力去营造合作的企业文化，不管企业内部的层级制度多么根深蒂固，其未来都是光明的。这无关乎追求完美，而在于每天都想要展示自我的愿望。

第十章

参与度

——头脑与躯体

1943年6月4日清晨，在洛克希德飞机公司（Lockheed Aircraft Corporation）工程主管克拉伦斯·“凯莉”·约翰逊（Clarence “Kelly” Johnson）手下工作的埃夫·卡尔弗（Irv Culver）接了一个电话，当时他可能正在看《莱尔·阿布纳》（*Li'l Abner*），于是脱口而出：“这里是‘臭鼬工厂’。”“臭鼬工厂”指的就是这本备受欢迎的连环画里出现的破败工厂。结果，这通电话来自华盛顿海军总部，所以凯莉当场解雇了卡尔弗。后来，卡尔弗恢复原职，“臭鼬工厂”的故事流传开来，这个名字也被保留了下来。

当时，约翰逊的航空工程团队正在为美国政府研发一款全新的喷气式战斗机“XP-80流星”（XP-80 Shooting Star），他们提前了7天完成任务。这在当时成为传奇。约翰逊在自传中分享了14条运营“臭鼬工厂”的规则，这些理念也推动了该项目取得成功。自此，“臭鼬工厂”被用来形容处在非结构化环境中、不受官僚机构阻碍和影响的小型创新团队，他们承担着研发新款应用程序或产品的任务。今天的“臭鼬工厂”则不需要设在某个秘密的地方。事实上，它可以被用来描述大多数初创企业及诸如亚马逊、谷歌、脸书等大公司创新部门的既定理念。

当今时代，我们都是“臭鼬”。

如今的领导者可以在任何类型的组织内部创建“臭鼬工厂”。毕竟，为什么只有精挑细选的少数人才能发挥他们的创造力呢？是时候重新定义工作本身了，所以，我们中间所有的“臭鼬”都能去探索、期待、解决人类面临的一些可怕的问题。在本章，我们将一起看看你如何才能在任何类型的机构——无论是《财富》世界500强企业还是小型非营利组织，或者任何介于二者之间的机构——中都成为创建会聚创新人才的“臭鼬工厂”型团队的领导者。成功的关键在于解锁每个人的天赋！

现阶段，只要是关于员工参与度的数据都不那么乐观。媒体喜欢渲染有趣的、具有创业精神的商业活动正在成为21世纪美国的支柱，但人力资源领域的代表们都非常熟悉如下调查。盖洛普咨询公司（Gallup）和创新领导力中心（Center for Creative Leadership）发现，世界上仅有13%——美国仅有27%——的员工在工作中有参与感。这一发现基于员工满意度、工作-生活平衡度、离职挽留条件及其他一些表明员工快乐与否的数据。很显然，答案是否定的。

如果你考虑一下诸如软件工程师、作家、演员、音乐家等创意类职业从业者的工作参与度，他们大多数人会告诉你，工作参与度与他们的幸福感或满足感息息相关：他们展现了热情、最重要的目的，也就是向全世界表达自我的使命。而这些调查仍然基于对工作的陈旧定义提着过时的问题。如今，劳动者们可能会在一生中从事四五份工作，但非常遗憾，大部分公司都还未能营造灵活的氛围来实现企业再创造。鼓励成长、不固守刻板工作描述的雇主们能够激发员工的创造力，鼓励持续学习并促使员工们坚持下去。部分极具前瞻性的公司正在尝试实践跨职能，甚至跨代际的倡议，这些倡议能使看似毫无关联的因素联系到一起。

这类突破性思维的其中一个例子发生在一家经历了 200 多年历史变迁的保险公司——哈特福德（The Hartford）。这家公司的管理层大多为婴儿潮一代，他们目睹了脸书、推特和照片墙（Instagram）兴起的浪潮，却对此不知所措。一小部分刚入职的专业人员（多为千禧一代和 X 一代）也注意到了哈特福德未能迅速、充分地适应新兴技术，于是他们发起了一次圆桌会议，探讨保险公司如何能够更好地与社交媒体、移动网络和局域网结合。作为回应，公司首席执行官也发起了一项前所未有的“反指导”项目，在该项目中，作为导师的职场新人与作为学员的高管结对，共同讨论新技术，以及它们如何被应用于公司。自然而然地，作为学员的高管们同样能够给导师教授相应的商业知识，并提供职业建议和发展反馈。导师和学员也会定期展开分组讨论，分享他们的学习成果。

人力资源部负责监督这一跨代际的合作，仅仅一年之后，他们就注意到了多项积极的结果。首先，人员流动性非常大的青年专业人士提升了工作参与度，获得了职业发展。其次，哈特福德更新了其对社交媒体的使用及相关政策，开始更多地接触技术工具。最后，鉴于这是一项持久的项目，高管们接触到了新兴理念，普通员工们也在职业生涯早期便获得了关于大型公司运营的相关知识。对一家需要实现企业再创造的公司和需要一个对工作单位“从一而终”的理由的年轻一代而言，这的确是一种双赢。

在彻底的“贝塔型”风格中加入一剂“阿尔法型”元素

我一进会议室就察觉到不和谐的气氛。一家数字媒体咨询公司的执行董事和创始人乔纳森聘请我为其信息技术 / 创新总监、运营总监、研究总监做培训。我在初次见到他们所有人时，能明显感受到其中的混乱。其实，我不应该对此感到任何的意外：这种无组织、无纪律、随意性强，有时甚至吵吵闹闹的团队行为在很大程度上是刻意为之。乔纳森有一个目标：创新。他的愿景是通过电子媒体产品促进社会变革。他实现这一崇高目标的手段很简单：雇用才华横溢、术业有专攻的青年才俊——软件工程师、数据科学分析师、文化和媒体研究专家、社会心理学家及神经科学家，任其自由地产出可能改变世界的想法、应用和产品。

所以，为什么要聘请一位培训师？其中一个原因是，该团队总是挣扎在项目完结的截止日期上。乔纳森也承认，他们缺乏提升创造力的关键一环是纪律。他的问题是：如何在维持勇于冒险的公司文化的前提下，同时重点关注结果的产出？他已经试着雇用了一名与他的风格完全相反的运营总监凯瑟琳。但在他一手打造的松散氛围中，任何露出“控制权”端倪的领导模式都遭到了阻挠。

结果证明，乔纳森有一个显著的盲点：他，仅仅他一个人，就定下了团队的基调。他随心所欲的风格、散漫的集体讨论会、连续数日不见踪影的工作习惯、对规划和后续跟进的漠视，让他的团队认为截止日期并不重要。我进入会议室时，集体讨论已经变成一种情绪的宣泄，而凯瑟琳还在尽力地尝试使每个人负起相应的责任。乔纳森想要解雇凯瑟琳，凯瑟琳也想辞职；研究团队和数据科学家认为“凯瑟琳监管太多，乔纳森指导太少”，他们对此感到十分沮丧。此时，乔纳森已经彻底没辙了。

我们的第一次正式会议紧跟在被这个团队称为“星期一早上的疯狂”的开放式规划会议之后。这一次，我近距离地观察了他们的“乱象”。

“毋庸置疑，你有一支参与度很高的团队。”我说。

乔纳森叹了口气：“参与度不是问题。我们团队的每个人都富有激情、工作勤勉。我们就是点子太多了——还有很多进行中的项目——但我们真正需要的那个理念却被忽略了。”

“是什么理念？”

“啊，”乔纳森又叹了口气，“就是截止日期很重要。”

我向他展示了近期一项针对谷歌高效能工程团队的研究。[1]排在前五名的价值观有：

（1）**心理安全感。**与其责备他人，不如大声地说出自己的想法，分享犯过的错误，将注意力放在学习上。

（2）**可靠性。**领导者的价值观、行为和承诺要保持一致。

（3）**结构和清晰度。**领导者对项目执行设定合理的期望值和时间框架，并清晰、明确地划分责任。

（4）**意义。**工作要与员工最在意的事物联系起来。

（5）**影响。**工作很重要。

乔纳森在（1）（4）（5）这三点上做得很好，但毫无疑问在（2）和（3）上仍有进步空间。他告诉我，在生活中，他一直都算是一个随心所欲的“冲浪者”。他从小就意识到，自己即便有所拖延，最终也仍能取得成功，所以他不太可能在日常生活中遵守纪律。我请他想想，在他的记忆里是否出现过他遵守纪律或组织结构的时候。

他回忆道：“高中时我参加了班长竞选，因为所有人都说我会当选。我当时是一名运动健将，和每个人都是好朋友。但在发表竞选演说的前一晚，我突然很紧张，因为我以前从没有做过任何这方面的实质工作。当晚凌晨时分，我列出了一张详细的清单，写明了师生关系的重要性、增加艺术课程的预算，诸如此类的内容。我猜，我具备遵守纪律的能力，我只是拒绝使用这份能力。我希望我的员工能拿出最棒的点子，不想让他们感到束手束脚。”

“你最不愿放弃曾经多次帮助你建立创新团队的富有创造力

的工作环境。”我对他的想法表示赞同，“但你在研究结果和你的团队中也看到了，实现各种能力之间的平衡非常重要。”

在接下来的数月中，乔纳森拓展了他的领导风格，在他已臻完善的“贝塔型”方式中加入了一点儿“阿尔法型”元素。一向包容、民主的他提议我们与整个团队共同决定需要改变的事项。他对他人如何看待他聘请培训师这件事——“这个人要把乔纳森变成暴君了”——非常敏感，所以我便开始与几位关键的同事合作。他们为乔纳森和整个工作环境都设定了目标。最终，我们就领导力和组织机构的四个“注入”达成了一致，每个人都认为这四项能在不损害创造力的前提下最大限度地提高生产力。

（1）**注入纪律。**集体讨论会仅仅用于集体讨论。团队一致同意召开简短的、开放式的会议，一次只重点关注一两个问题。

（2）**注入清晰度。**举行单独的生产力会议，即关注项目计划、时间线和承约的结构化会议。分别召开不同类别的会议是一项真正的转变。过去，在集体讨论会上一提到责任，员工们的创造活力就迅速消退了。

（3）**注入架构。**乔纳森同意在与关键性团队成员的一对一会议中，通过写下相互承约来明确工作预期，承约中概述了个人的目标、力量和成长机会如何与机构工作议程匹配。

（4）**注入集体智慧。**让每个人都来领导。第四条也是最后一条新能量的注入，要求乔纳森明确定义所有团队成员的责任、义务、具体可交付成果的所有权。换句话说：每个人都需要更多的“阿尔法型”精神，这样他们就不会都依赖凯瑟琳一个人了。

最后一点非常关键，特别是在培训的时候。和我们所有人一样，乔纳森身边有许多潜在的培训师。只有认可每位团队成员都可能扮演不同的角色，乔纳森才有可能跳出领导的身份，遵照同事的指令，凯瑟琳或其他“阿尔法型”的领导才能对其进行培训，反之亦然。当我们的工作结束时，在其独立、松散的团队文化中，提升团队的纪律性和生产力的培训已经成为全新规范。

最后，乔纳森还是乔纳森，他一手培育出的开放自由的创造空间也仍然活跃、运作良好。我们共同努力为其注入了微小的文化转变，却带来了巨大的变化，使“臭鼬工厂”转型为高效的生产机器。

大型制药公司的自我疗愈

现在，我们一起来看看另一个极端案例。我在生物制药领域遇到了一位负责公司的创新和创意的“阿尔法型”领导者。当我初次见到阿马尔时，他告诉我，针对对人造药物有顽固耐药性的疾病，他的科学团队是如何提出了令人振奋的治疗方案的。“生物制药”是目前该行业研究中发展最快的领域，它是指使用天然分子和化合物，也就是某种制药领域的有机物来设计和生产相应的药物，用以治疗癌症、糖尿病、阿尔茨海默病等使人的生命力衰退的顽疾。科学家们也正积极努力解密并提取自然母亲强大的自愈能力。

阿马尔在一家大型跨国公司内部管理一个“臭鼬工厂”型团队，如果一切顺利，他的成功经验将会再次印证我的理论：任何一个团队都既能保持高度的创造力，又能实现丰厚的产出。很快我就发现，问题在于尽管他的团队具有活跃的创新思维，也因此颇有成效，但他们为工作成果付出了较高的代价。直到我搜集反馈意见之时，阿马尔都丝毫不知道他的下属们对工作不仅没有参与感，甚至还感到很痛苦。许多人开始寻找其他的工作机会。有些人告诉我，他们一旦找到新的职位，就会立马辞职；其他人因为超负荷工作，又未得到认可，已经办理了离职手续。还有一些人说，虽然他们非常热爱科学，也很欣赏那些富有才华的同事，但他们痛恨不信任和竞争的亚文化，感觉被普遍的威胁和不安感压迫——如果没能想出下一个绝妙的点子，他们就会失去奖励和认可。

阿马尔模糊地意识到了团队参与度的缺乏，事实上，这也正是他向我寻求帮助的原因。幸运的是，他能够以接纳的心态去探索如何重构自己的领导方法，学会灵活处之，并且找到激发自己的团队重燃创新热情的方法。我提议，在开始探索团队内部情况之前，他先向我分享如何培养自身创造力的相关经验。他充沛的精力是至关重要的因素：由领导者确定基调。他告诉我，当他放松、沉思，和细枝末节脱离开来时，他的最佳想法就会出现。

“这并不容易，”他说，“因为即便我本能地想要给我的团队极大的自由度和灵活度，我们也仍然是一家结果导向型的企业。我承受着很大的压力。”

“但是，如果压力导致了精疲力竭和士气低落，那你的团队就不能全速运转了。”我提醒他。

他表示赞同：“一想到还没有充分利用我团队中的诸位优秀科学家、化学家、技术人才、生物学家的天赋，我就感到很忧伤。”

“啊哈！你刚刚用到了‘利用’这一关键词。在我见过的最成功的创造性业绩中，领导者会努力创造一个充分发挥每个人潜力的工作环境。你首先要意识到不能强迫创造力的产生，正如你已经了解到你自己也无法在强迫之下萌发创意一样。”

我带着他梳理了我所称的“参与度的六大杠杆”（见图10–1），领导者需要拉动这六大杠杆，从而最大限度地激发团队潜能。他首先应将办公环境视为一个以某位团队成员为核心，向外发散的一组同心圆。为什么？因为，你想一想，一切伟大的想法始于何处？

当被问及这个问题时，阿马尔立刻回答道：“伟大的想法都产生于我团队中的个体或群体的洞见或者他们取得的突破。”

“不管这些想法萌生于何种状态，比如沐浴、走路、空想、集体讨论，它们的共同点是什么？”

“我猜，它们都是在我感受到积极情绪时出现的，对吗？”

“完全正确！伟大的想法总是出现在我们感受到灵感、热情、活力和生机的时刻。”

这里我用了“感受”一词。身边围绕着众多科学家和工程师，阿马尔很容易误以为创意始于大脑，但事实并非如此。请注意，“动机”一词的英文 motivation 来自拉丁语单词 motere，意为打动。当我们被音乐、艺术、自然或美好的念头打动时，我们谈论的是感受。这就是为什么参与度的六大杠杆始于最重要的环节：内心。

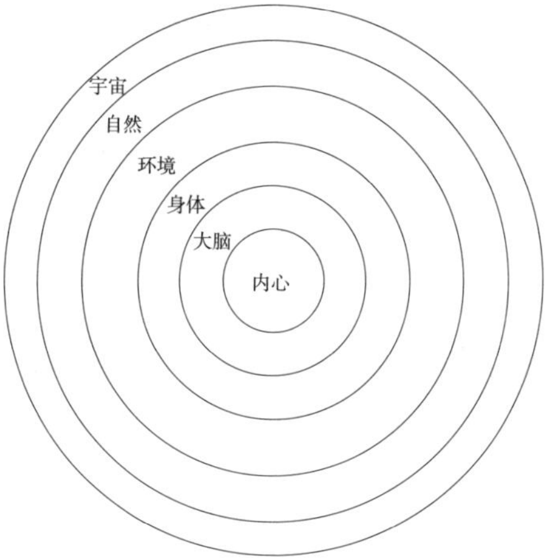

图 10-1　参与度的六大杠杆

1. 利用内心

我们讨论过领导者联结并触动他人内心的数种方式：用你的风格适应周遭环境，做一名好的倾听者，展示你的好奇心，探究你的“为什么”，和感受进行沟通，关注积极的方面，开放地表达情感，以脆弱和谦卑的心态面对你的恐惧，建立信任和安全感，培训和指导，创造合作的团队文化。就理性层面而言，这些对阿马尔都是有意义的，但是，我可以断定他在采纳这些建议的过程中仍会遇到障碍。而且，你也想象得到，正是“直抵内心”这样的要求阻碍了领导者进一步推进工作。对阿马尔来说，在这个充满挑战的时刻，领导力的塑造本身就像是他的工作。想要成为一名好老板的压力已经榨干了他本应向他人灌注的事物：灵感。他也已然“江郎才尽”。

激发企业中“臭鼬团队”的积极性并非易事，但它指出了本书的基本主旨：首先要进行自我培训。阿马尔需要后退一步，在实质和比喻层面上都让自己休息一下，再重新寻求与“为什么”产生联结。为什么他当初选择成为一名科学家？有什么仍然让他感到兴奋？是什么每天将他唤醒？为了塑造他需要向团队灌注的活力与热情，他需要首先重新与自己的内心产生联结，并重新赋予其生机。

我请阿马尔想一想，有哪些他需要用以维持和活络身心的营养元素被他忽略了。他最需要的是休息，以及反思所需的空间和实践。可以考虑安排一次短暂的假期——这尽管在他快节奏的严苛工作环境中是罕见的，但却十分必要。他甚至同意把自己的笔记本电脑留在家里（当然，他仍然可以在智能手机上查看电子邮件）。度假归来时，他带回了全新的活力和对自己最热爱的工作的奉献精神。他将团队成员聚集起来，并从他早期的经历中获得启发，当时他作为一名研究人员，发现了有机化合物的疗愈特性，最终拯救了数千人的生命。可以说，这不是一份工作，而是一种召唤——他需要做的只是重燃自己的激情并将同样的信息传递给他的团队成员。

2. 利用大脑

大脑是我们最神秘的器官。我们并不清楚意识的核心机制，或者人类如何将语言翻译为意义或将意义翻译为语言。另外，大量的神经科学和神经生物学研究已经向我们打开了一扇窗，展示了创意出现时大脑的内部活动。卡洛斯·达维多维奇（Carlos Davidovich）博士是一名高管培训师、内科医生、神经管理学技术专家，他指出了从神经学视角提出富有创意的见解的最佳方法。他提倡做一些平衡大脑能量使用和促进产生联结的活动：在短暂的灵感迸发之后进行休整——工间休息和小睡；散步或锻炼，因为创造力是由身体运动激发的；不要刻意尝试创新，要专门安排时间让你的思维漫步、飘荡、映射到其他地方；保持积极的心态，摒弃惩罚性思维。[2]

3. 利用身体–意识

第三个层面要求超越大脑，看到我所谓的身体–意识，即通过结合身体能量和情绪能量来形成创造力的特殊灵药。我在第八章谈到，直觉或者说本能洞察力的科学证实，突破性思维既是大脑思考的过程，也是生理和情绪变化的过程。至关重要的一点是身体要处于能量平衡的状态——既不感到无聊或自满，也没有因焦虑而躁动；一定要觉得周遭的环境是安全的。

安全感、归属感和信任感不仅仅只是概念，它们是身体、情绪和认知元素发生变化时的能量。如果我们被授权尝试新的想法，特别是当这些想法可能有风险，或者在固有的框架之外时，这几种能量对我们来说是非常必要的。事实是，“跳出固有的框架”几乎是不可能的，因为我们就生活在形形色色的框架之中：躯体、职场、家庭、州、国家。我们能做的就是让这些框架更具延展性和包容性，为巧思和灵感奠定基础。

所以，阿马尔首先关注了与身体和情绪平衡有关的问题，从饮食、营养、睡眠和运动开始改善。然后，他试着将创新与健康、开放的环境联系起来。研究开始证实，创造力不仅产生于个体内部，也会在人与人之间流动的能量网络中产生，这一发现让我振奋。[3] 例如，研究已经指出培训的“人际网络效应”：当团队中有一个人接受了培训，并遵循了新的实践原则、拥有了更强的自我意识及其他的能量转变时，他最终会对身边同事的态度和行为产生非线性但却直接的影响。培训的效果会对整个公司的能量、文化和创造力产生重大影响。

4. 利用环境

在大脑和身体之后，领导者需要撬动的第四个杠杆便是环境。在第八章我们已经讨论了，研究表明我们的工作空间与眼界和智谋有直接的关联。关注时间和空间很重要。我们都知道，有些人在清晨时分状态最佳，有些人则适合在深夜工作。但我们的工作场所却卡在了一种陈旧的模式上，这种模式迫使人们进入时间–空间的框架，朝九晚五的“工作”就在被荧光灯照射着的玻璃格子间里开展。对我们大多数人来说，这样真的能优化创造力吗？重要的是，要关注公与私之间的平衡，以及美学与每个员工自由、自主选择激发他们活力的工作环境之间的平衡。有人想要独处和保持安静，以便将工作做到最好；有人想要进行头脑风暴和征求他人的意见；还有人发现，对话带来的能量能碰撞出伟大的洞见。

领导者可以通过以下四种方式来最大限度地利用工作环境：拓展对工作时间的定义来适应人们不同的生物钟；关注工作场所的美学——柔和的颜色、自然的光线、清新的空气、（办公用品）舒适的手感；融合公共和私人的空间；创设富有吸引力、引导和培育人际关联的休闲空间（比如带有舒适座椅的咖啡吧式环境）。[4]

5. 利用自然

第五个杠杆将我们从工作场所带入了外部世界。我们周遭的环境相当复杂、美好而又神秘。我们不仅在这个世界中，也是这个世界的一部分，但我们忘记了这一点，于是我们将自身置于险境。

大量研究表明，花时间接触自然会带来有助于复原的功效，每天仅需在树林中漫步半个小时便能减少压力，降低被试的皮质醇水平。我们大多数人都知道，外部时间会对我们的大脑、内心和灵魂产生强大的影响。对一位试图释放员工创造力的领导者而言，用心与大自然接触，不管是步行冥想、徒步旅行，还是在野生动物保护区漫步，都可能会激发联结，带来洞见，改变世界。

一个企业团队应对这一挑战的方法可能尚不明朗，但它可以像迈出大门一样简单。最初，阿马尔不知道该如何让他的下属走出自己的格子间，走进美妙的自然。但当他向团队成员寻求建议时，他们轻声地笑了。他们的公司位于宾夕法尼亚州东部群山环绕、绿树葱茏的企业园区，他们中的许多人早就开始定期在绿荫掩映下的山麓地带散步了。[5]

6. 利用宇宙

我想把参与度同心圆的第六个层面称为“利用宇宙”。无论你是在晴朗夜空的广袤星海中呼吸——记住，就像你可以仰视它们一样，你也可以俯瞰它们——还是你在透过显微镜观察人类细胞，却发现它就是那片星空的镜像，这一杠杆的核心都是激发你的好奇心。我们需要不断重新审视我们的假设：只有一部分人具有创造力。其实，我们每个人生来就是艺术家。作为领导者，最重要的是与无限的未知事物紧密相连，并进一步发掘自身的探索精神。

在我们合作的几个月中，我发现阿马尔的行为举止发生了彻底的改变。他看起来似乎越来越年轻了！由于他的大脑、身体和灵魂得到了滋养，他的创造力再一次被激活。他可以在需要的时候重新恢复权威，但当他允许身体里藏着的那个小男孩时不时跑出来玩耍时，工作就又变得有趣了。

在“阿尔法型”和“贝塔型”之间的灵活转换最终都取决于能量。上述框架旨在帮助你重新使能量方法适用于你的团队。想一想，以你现在的能力，你可以撬动哪个层面的杠杆，并且让自己始终保持那份愉悦的求知心！进行尝试吧。好消息是，我们都不必独自领导团队。正如乔纳森向团队中的“阿尔法型”人才赋权，跟从他们的引领并从中获益，阿马尔在他的团队中也有榜样可循。他要做的只是找出团队中的“贝塔型”成员，邀请他们在林间一起散散步。

▶ 快速训练：从“阿尔法型”到“贝塔型”

（1）**从心开始。**与你的内在目标产生联结——无论你每天的动因是什么——并练习以内在目标为依据发表言论。在正式或者非正式的场合都让你的团队成员也这样做，并且与他们分享是什么赋予了你的工作意义。

（2）**依靠大脑。**培养基于神经科学、能够激发大脑天然创造力的行为：定期小憩，集中精力工作，允许出现天马行空的思维，通过庆祝来强化每一个微小的进步。

（3）**培育创意空间。**关注创意蓬勃萌发的环境和时机，尝试个人或集体的头脑风暴，利用个体的力量和众人的关系网络。

（4）**培育信任。**注意人际关系中的微妙之处：避免做出带有惩罚性的判断，在展示脆弱性上起示范作用，将错误视为学习机会。

（5）**激发好奇心。**做一个有趣的人，对各种可能性保持开放的态度；尊重特立独行的人（特别是那些安静的人）；将能够起提醒作用的物品（比如玩偶、万花筒、乐高积木、乐器）带入你的办公场所，让它们时刻提醒你，要以内心深处孩子的视角观察这个世界。

▶快速训练：从“贝塔型”到“阿尔法型”

（1）**明确期望。**讨论每个团队成员所需的明确目标和支持机制，比如培训、指导或训练。确保工作目标是经过双方同意的，并且在大家努力就能实现的范围内；引入持续学习和发展的计划。一项好的经验法则就是创造一个让每个人能随着时间推移“跳出本职工作”的环境，以便不断重塑工作角色和个体。

（2）**注入纪律。**创设每个人都能打卡的长期活动：会议时间和议程、运营原则、定期更新（以什么形式和多高的频率），以及设定截止日期的流程。可以考虑出具一份书面操作协议——就像美国宪法一样——对所有人都具有约束力，又可以根据需要进行修改。

（3）**嵌入结构。**确定一个明确角色分配的架构，要求每个人展现领导力和责任感，同时保持灵活度。在建立人际关系和信任的基础上，以支持个人自主的方式界定边界。

（4）**利用集体。**有趣的、非结构化的活动（比如游戏、项目、自然实验）可以鼓励全新组合的产生，打破职能孤岛，释放团队的天赋。为述职、反思和共享学习留出时间。

（5）**庆祝学有所获（而不仅仅是庆祝成功）。**想办法让同事们公开展示自己的学习和进步，让庆祝成为工作经历中的一个常规环节——不用频繁到成为例行公事，也不要太少、太迟。

奇迹重现

当我们的旅程接近尾声时，我想要向书中的多位优秀客户致谢。他们在当今这个疯狂而混乱的世界中接受了领导力挑战，他们都是我的英雄、榜样和老师。在书中，你可以看到形形色色的领导者——男性、女性、有色人种、LGBT（非异性恋者）专业人士、千禧一代、婴儿潮一代、X 一代。他们有一个共同点：愿意做一名学生，接受培训及自我培训，照亮自己的盲点，拓展自己的能力，更好地服务于更高远的目标，即进一步充分发挥他们自身及所领导的团队的潜力。

回顾启发我创建“敏捷领导力”框架的第一个案例研究，你可能会问，马克是不是天生的怪才。也许，你会认为需要接受过常春藤名校的高等教育且具备外科医生的高度敏锐才能培养出多维能力——灵活度、意向性、高情商、真性情、协作性和参与度，但研究表明，这些能力对置身于当今更加扁平化的网络世界中的高效领导力至关重要。让我们一起从另一个视角来看看最后一位领导者，也彻底破除上面关于培养多维能力的谬论。

艾伦是一家设计并生产高端有机玻璃家具的百年家族企业的首席执行官和所有人。我们初次见面时，我还以为自己踏入了时间隧道。在大功率电锯和钻床下，地上铺满了厚厚的木屑和灰尘，工人们切割、黏合、抛光、包装——像一阵散发着汗味的旋风。即便没有人以看得见的方式掌管现场，这一切却像发条装置一样有序运转着。但是，他就在那里，与他的基层主管并肩审查计划，讨论项目时间表，在喧闹声中叫喊着，边走边点头击掌。艾伦处在一种热情四射、高度参与的混合状态中，他是一位卓越的身体型领导者。

随后，在市场营销的会议中，艾伦提出了开放式的问题，并且耐心地就他的团队针对大小事务的争论做了笔记。他善于接纳，有好奇心，是一名共识建立者。他能够轻松、真实地转变模式——在环境的要求下从“掌控”下属到实现“权力共享”。从车间到董事会，他都知道如何改变他的身份基调、他的沟通能力及他的仪态风度，从而获取团队最佳的生产力和创造力。尽管车间的环境混乱而紧张，但在员工会议期间，作为镇定和专注的培训师、引导者，他的肢体语言表现了尊重和专注。艾伦知道，如果向团队施加销售或预算需求的压力，就会导致他的陈列室中展示的创意之源枯竭。家具可以是普通而实用的款式，也可以展现天才的设计风格，而正是后者令他的公司欣欣向荣、蓬勃发展。

看到艾伦，我就知道自己和马克在手术室里的经历绝非偶然。如果有一家纽约百年老厂能够同时成为一台高产出的机器和一个具有创造力的“臭鼬工厂”，那么一套超越了“阿尔法型”-“贝塔型”差异、融合了任务和人际动态、利用了集体智慧的领导力理论就不是白日梦。艾伦对自身的优势和缺陷有着清醒而谦逊的认识，他借此将自己的团队打造成了一个由富有激情、勇于承担的员工组织成的高度灵活、意志坚强、参与度高的集体。

来自萨尔瓦多的车工与瑞典设计学徒、犹太客服代表、印度会计师及千禧一代 LGBT 销售经理一同工作，彼此之间仅隔了 30 英尺。艾伦时常将他们约到附近的希腊餐厅共进午餐，借机肯定他们的工作，鼓励他们进行对话和跨职能学习，并庆祝他们取得的成绩，比如实现销售目标、推出新款设计、数月没有出现车间事故。总而言之，美国这个大熔炉运转良好，一部分要归功于艾伦的“敏捷领导力”。

我的基本信念是，每位拿起这本书的读者都有潜力变得足够“凶猛”，足以像马克在手术室或是艾伦在工厂车间一样领导团队。今天的创新者需要超越孤立的部分，突破界限，将自己培训成多面手——一名完全能做到自我实现的领导者、高度参与的合作伙伴、心甘情愿的追随者。当你不断撞击个人局限的边界时，你的目标必须是打破任何阻碍你认识自己的高墙。不用担心根本不存在的职级阶梯。相反，用你的热情、激情、创造力去提升你自己和身边的人，进而对抗地心引力。就像听起来这么简单，你可以成为一名鼓舞人心的领导者，实现你内心最深处的梦想，并且改变世界——无论你现在任职何处。而且，你现在就可以立刻开始。

后 记
对归属感的召唤

当我写下这些文字时，纽约城外的卡茨基尔山，春日终于姗姗而至。尽管我在书中分享了我的许多观点，我仍然没有忘记我们生活在一个高度两极分化的时代。在我提出我的论点，即领导力的下一轮演进要求我们超越“英雄主义”文化基因的那一刻，我们已经看到了专制男权政府的复辟，这不仅出现在美国，也出现在下一轮人才大潮即将涌现的国家，如俄罗斯、叙利亚、土耳其、以色列、埃及和菲律宾。

但我也看到了全美各地的组织机构正在扩展、变得扁平化，正重新设计他们的内部结构，提升女性和有色人种的地位，尝试网络化、分散式和共享式的领导力模型。另一个好消息是：在地方、各州和联邦层面参与竞选的女性、少数族裔、非二元性别候选人的人数再创历史新高。美国总统竞选的玻璃天花板也许没能在 2016 年被打破①，但许多其他的玻璃天花板可能很快就会被

① 此处指 2016 年美国总统选举中，希拉里 · 克林顿败给唐纳德 · 特朗普，与“美国首位女总统”失之交臂。——译者注

打破。

事实上，我不禁希望“凶猛”（fierce）这个词中还有一个字母——另一个“I”（遗憾的是，“IFIERCE”这个糟糕的拼写方式不会仅凭我的一厢情愿就变成一个令人难忘的首字母缩略词）。当我审视领导力视野、搜寻未来事物的迹象时，我发现有一种品质正在迅速崛起：包容性。这是有道理的。本书的核心主题之一是那些陈腐的说辞——比如英雄式的领导者总是像白衣骑士一般出现——正在瓦解，也正在失去对世界各地各类组织机构的控制。与此同时，我们正在经历彩虹式的上升：每天，领导者们都以各种可能的肤色、种族、心理性别、生理性别和文化的组合出现在工作岗位上。

但是，尽管这一话题对我来说非常重要，但我绝不认为自己是这个领域的专家。为此，我将希望放在了像我的朋友、同事詹妮弗·布朗一般的榜样身上。她就这一主题已有丰富的演讲、教学和写作经验。她撰写的《包容：多样性、新工作场所和改变的意愿》（*Inclusion: Diversity, the New Workplace and the Will to Change*）一书是对相关研究的重要补充。我被詹妮弗的愿景深深打动：“我希望在整个社会的各个机构内部工作的我们能够同心协力，消除将大家人为分隔开来的错误二分法和无意识偏见，这样我们就可以共同庆祝使我们丰富多彩的所有差异性，同时仍然清醒地意识到安全在社区中的重要性。最重要的是，我希望我们每个人都能在工作和生活中感到受欢迎、受重视、受尊重、被听到。”改变的紧迫性已经显而易见，未来即现在。

卡尔·荣格（Carl Jung）将人类发展描述为一个所谓的“赋予个性”的终生过程，在这个过程中，我们每个人在长大成人及后来的时间里不断建立和解构自我。生存要求有强烈的自我意识，因为思维模式——包括信仰体系、集体价值观、社会规范——为我们提供了至关重要的归属感。荣格还指出，为了成长，我们必须将那些高度相似的自我结构剥离。僵化、脆弱、崩溃都是转型中的心理迹象。就像老蛇皮干裂、脱落后，蛇身的新皮会暴露在外，我们也在腾出空间迎接新生肌肤——我们全新的、包容性的人类故事——的到来。

我们生活在一个融合的时代，也是一个阈限的时代。在这个时代中，大多数过去被认为正常的事物破灭了，唯一不变的就是变化本身。阈限代表着心理学家所称的“临界点”，即一个旧有方式已被彻底击溃，而个体或集体的新身份尚未完全形成的转型期。作为这个阶段的领导者，我们被要求信奉悖论，摒弃不再为我们所用的思维模型和信仰。那些在变化大潮中没有跌落的弄潮儿将会最终引领潮流。我希望所有人都能学会能屈能伸、灵活处之，并且努力实现包容。

让我们携手构建一个每个人都可以也必须发挥领导作用的世界。

致　谢

关于一本著作的奇怪现象是，它似乎通常只带着一个书名出现，就好像作者（带着笔记本电脑）隐居于洞穴中，6个月后便拿着精装本走了出来。而事实上，你手中这本书的成功问世离不开我众多的师长、合作伙伴、研究人员、客户、朋友及家人的帮助，是他们的智慧和支持为我的写作之旅保驾护航。带着深深的谦卑和感激之情，我现在可以仔细回想这么多人给予我的馈赠——他们的时间、洞见、反馈，还有爱。

关于“敏捷领导力”模型的第一粒种子萌发于我与帕斯卡尔·塞马玛（Pascal Scemama）的交谈。他是我亲密的朋友及前商业伙伴，他非常睿智。他早年毕业于法国一所顶尖的工程院校，他先是供职于密歇根州的一家制造工厂，后在华尔街交易大厅工作，然后，（谢天谢地）他开始涉足领导力咨询。在此过程中，帕斯卡尔和我燃起了对领导者给予支持的浓厚兴趣——早在培训还未被认定为一个专业领域之前，我们就打算成为“领导力培训师”。帕斯卡尔一向具有冒险精神和远见，他在40岁的时候完成了哈佛的课程，成为一名麻醉师。不久，他将我介绍到了位于波士顿的哈佛大学下属的麻省总医院，在那里，我有幸与一些我遇到过的最聪明、最敏锐的领导者共事。帕斯卡尔，很荣幸一路有你作为我的伙伴、知己、朋友。

我想感谢哈佛大学教授，麻省总医院麻醉、特护和疼痛专科主任杰妮·维纳-克罗尼什，感谢她相信我能给她满是精兵强将的医生团队带来变化。正是在她这里我开始相信，如果在手术室里能培养出有安全感、高灵活度、高情商的团队领导者，那么在任何地方都可以。

在麻省总医院工作期间，我还遇到了哈佛医学院麦克林医院附属教练学院的创始人卡罗尔·考夫曼和玛格丽特·摩尔，她们让我对培训的信念提升至一个全新的水平——她们为我提供了一支优秀的工作团队，与其开展合作拓宽了我的思路。对卡罗尔、玛格丽特、苏珊·大卫、伊琳娜·特多洛娃（Irina Todorova）、奇普·卡特（Chip Carter）、凯莉·斯丹德尔（Kelly Standel）、劳雷尔·多吉特（Laurel Doggett）、苏·布雷尼克（Sue Brennick）、斯蒂芬妮·吉拉德（Stephanie Girard），以及教练学院的全体团队成员，我深表感激。没有他们的思维领导力和深厚情谊，这本书不可能面世。此外，特别感谢露丝·安·哈尼什（Ruth Ann Harnish），是她的慷慨支持使教练学院的存在成为可能，她资助、培训、赋权下一代女性领导者的行为每天都激励着我。

如果你是在看完本书正文后仔细阅读致谢部分的，你就会知道我的众多客户来自差异巨大的族群、年龄和职业。我甚至无法一一向他们致谢。做一名培训师给我带来了深远的互惠，我从我的客户那里学到的东西和我提供给他们的一样多——可能更多。我将许多我最喜欢的内容都写在了本书中。正是他们的领导力之旅——尝试、磨难、警钟和最后的成功——让整个努力的过程变得有价值。

我也有幸遇到了大批专业的合作伙伴，其中许多人带我参与到了他们遍布全球的领导力项目中。衷心感谢领导力发展集团的特蕾西·杜伯曼、天际线集团的安妮·艾布拉姆斯（Annie Abrams）和推·辛德尔（Thuy Sindell），还有胡安·何塞·卡列哈斯（Juan Jose Callejas）、特里尔·汤普森（Terrill Thompson）、库克·乌（Cuc Vu）、妮可·科兹尔（Nicole Cozier）、莱斯利·杰斐（Leslie Jaffe）、安娜·弗洛里斯（Anna Flores）、加布里埃尔·甘斯文特（Gabriele Ganswindt）、文海善（Haesun Moon）、埃里克·考夫曼、艾琳·弗拉奇亚（Eileen Fracchia）、简·里贝克（Jan Rybeck）、安德烈亚斯·伯恩哈特（Andreas Bernhardt）、本·克罗夫特（Ben Croft）。和你们共事，一直都是一种乐趣！

写书是一个独立的行为，但是，正如他们所说，如果把写书视为雕琢一个精心设计的产品并最终把它送到读者手上，则需要“举全村之力”[①]。我出版的“村庄”凝聚了一个杰出专业团队

① 该说法出自非洲谚语“it takes a village to raise a child”，字面意思是养育一个孩子需举全村之力。1996 年，希拉里·克林顿写过一本探讨美国儿童权益的书，书名就叫 *It Takes A Village*（《需要举全村之力》）。——译者注

的心血。我的代理人，弗里欧出版社的索娜丽·查查妮（Sonali Chanchani）和弗兰克·威曼（Frank Weiman），他们耐心而坚持不懈地工作，虽然我对提出的方案进行了数次变更，与出版商的洽谈也经历了多轮，但他们始终相信本书中的理念总会找到归宿，并最终走向世界。他们是对的，当然，我还有一支超级优秀的编辑团队。斯蒂芬妮·鲍恩（Stephanie Bowen）、妮娜·谢尔德（Nina Shield）、哈里特·贝尔（Harriet Bell）带着他们的洞见、耐心，以及最重要的锋利却温柔的"雕刻刀"，将我冗长的文字打造成了现在的书。我衷心感谢他们的支持。

担任全职高管培训师、写书、支持教练学院的运营，身兼数职的我几乎没有时间去调查和执行本书中最需要的内容——基于证据的研究。我又幸运地拥有来自哥伦比亚大学的丽兹·丹特泽克尔这样优秀的研究生和研究助理协助我的工作。作为培训师，我一直明白有一位优秀培训师的潜在好处，所以我感到非常幸运，我在华盛顿州发掘到了詹妮弗·威尔霍特这样一位天才作家、自然爱好者和杰出的写作培训师。谢谢你，詹妮弗，是你在清晨提醒我离开办公室，出门走一走，即便只是走进中央公园，去触摸大地、呼吸新鲜空气、恢复我的创造力。

当回顾许多老师、研究人员和思想领袖对我的思想产生的深远影响时，我发现我竟无法一一向他们表达谢意。但是，有一部分人应当被提及，因为他们的话语已经渗透到我的灵魂当中，拓宽了我的思维，特别是当我的方案无法解决我面临的领导力难题时。其中许多人已经在本书中被提及。我正是站在了他们的肩膀上：卡尔·荣格、玛格丽特·惠特利（Margaret Wheatley）、佩玛·乔德隆（Pema Chodron）、马歇尔·戈德史密斯、瑞恩·尼米克（Ryan Niemiec）、丹尼尔·戈尔曼、西蒙·斯涅克、苏珊·凯恩、詹妮弗·布朗、理查德·斯特罗兹-赫克勒、理查德·博雅兹、苏珊·大卫、玛格丽特·摩尔、大卫·皮特森（David Peterson）、汤姆·鲁茨、艾伦·舍尔、吉福德·布思（Gifford Booth）、鲁文·巴昂、塔蒂阿娜·巴赫基罗瓦、戴维·罗克、艾米·埃德蒙森、芭芭拉·弗雷德里克森（Barbara Fredrickson）、芭芭拉·科勒曼（Barbara Kellerman）、马丁·塞利格曼、卡罗尔·德韦克。你们是我的英雄。

在写作的时候，我可能已经向上面列出的老师寻求了指导，但是，当谈及测试想法、应对困难、选择合适的词语，或者仅仅是把我从写作的困境中解救出来时，则是我的好友们和几位特别的家庭成员包容了我在濒临破碎的父权体制和新兴的领导力环境中的反复摇摆。芭芭拉·菲利普斯（Barbara Phillips）、斯蒂夫·门德尔松（Steve Mendelsohn）、朱迪·福克斯（Judy Fox）、波利·豪威尔斯（Polly Howells）、泽维尔·鲁（Xavier Roux）、毛拉·康伦-麦基弗（Maura Conlon-McIvor）、大卫·弗雷彻（David Frechter）、哈德逊·塔尔博特（Hudson Talbott）、安德烈亚·洛温塔尔（Andrea Lowenthal）、库尔特·安德纳赫（Kurt Andernach），谢谢你们的爱和支持。你们的情谊对我来说意味着一切。

当我在数不清的草稿中绝望地听到我几乎写了两本书的字数，必须大幅删减的时候（事实证明，妮娜和哈里特的建议是绝对正确的，感谢她们），有一个人（和两只漂亮的猫咪）让我有所依傍、保持清醒、精力充沛，他就是我的终身伴侣——杰森。那些深夜奇迹般出现在我书桌上的白葡萄酒、艰难时刻的温暖拥抱，以及他对我和对本书所要传递的信息的坚定信念，让我永远感激不尽。

最后值得一提的是，我要向我在纽约大学的研究生致意，是他们的多元、智慧和创意给了我对人性的希望，即使民粹主义、独裁主义、道德可疑的领导者在一些高度民主的政体中还担任着要职——包括我们自己的国家。世界上的民主制度显然正处于危机四伏的环境下。然而，在我的课堂上，来自世界各地的青年领导者都很强大、朝气蓬勃，而且“凶猛”，他们会从可能是世界上最后一代独裁者的手中接管权力，所以我仍然抱持着谨慎的乐观态度。这本书就是为他们而作的。

注　释

第二章　领导力思维方式

1. 关于反馈的神经科学研究：神经科学家、教育家朱迪·威利斯（Judy Willis）进行的大脑研究表明，当教室的学习环境充满压力，教学方式仅关注负面反馈循环时，学生的学习将会受到阻碍。她写道："脑内化学物质（神经递质）的神经成像和测量向我们展示了在压力状态下大脑中会发生什么……当压力激活了大脑的情感障碍功能时，流向更高级的认知网络的信息是有限的。"结论：面对负面反馈，大脑会停工，并通过参与所有培养动力、创造力和尝试新鲜事物的意愿的人际网络来对积极性予以回应。参见 J. A. Willis, "Connecting Brain Research with the Art of Teaching," *School Administrator Journal of AASA*, School Superintendents Association, September 2017; http://my.aasa.org/AASA/Resources/SAMag/2017/Sep17/Willis.aspx。
2. 积极性比例研究：芭芭拉·弗雷德里克森的研究发现，在多项研究中，积极性比例大于 3.0（对负面反馈有三种及以上积极情绪）的大学生，更可能有高程度的心理和社会健康。尽管学术界对于"积极情绪表达"的具体量化指标和应用仍然存在争议，但弗雷德里克森的基本主题——积极情绪对关系、健康和业绩的质量有直接影响——在其他一些条件下（如在疗养院患者身上）仍被引用和证实。弗雷德里克森的"拓宽与建构”的假设表明，积极情绪所带来的更多的注意力会促使人们通过各种行为充分发挥自己的能力，人们因此能够识别并利用新的机会，并最终证明这些行为是具有适应性的。参见 B. L. Fredrickson, “The Role of Positive Emotions in Positive Psychology: The Broaden-and-Build Theory of Positive Emotions,” *American Psychologist* 56:3 (2001): 218–226; http://dx.doi.org/10.1037/0003-066X.56.3.218。

3. 关于社交孤立的神经科学研究：普林斯顿的 A. M. 斯特纳汉（A. M. Stranahan）在研究中发现，社交孤立会加剧压力的负面影响，增加大脑中出现精神病理的风险。通过研究个体与群体“住所”对老鼠大脑的影响——两种“住所”都提供运动机会（通常对大脑健康产生积极影响）——他们发现，当彼此隔离时，连跑步这样的积极行动都会对老鼠的大脑功能有负面影响。与人类一样，老鼠是社交动物。这类大脑实验表明，社交孤立对大脑功能有不利影响。参见 A. M. Stranahan et al., “Social Isolation Delays the Positive Effects of Running on Adult Neurogenesis,” *Journal of Nature Neuroscience* 9:4 (April 2006): 526–533; http://dx.doi.org/10.1038/nn1668。
4. 关于成就感的神经科学研究：佐治亚健康科学大学的大脑和行为发现研究所联合主任乔 · Z. 钱（Joe Z. Tsien）博士发现，大脑中多巴胺功能的关键受体是对习惯的形成至关重要的“门户”。多巴胺是一种关键的神经递质，它在人们感受到成就感时会被释放，因此也被称为“奖励分子”。多巴胺能激发积极的动机，这种积极动机基于个体锻炼、完成基本任务、按时完工、形成良好习惯所引发的愉悦感。参见 J. Z. Tsien et al., “NMDA Receptors in Dopaminergic Neurons Are Crucial for Habit Learning,” *Neuron* 72:1 (2011): 1055–1056; http://dx.doi.org/10.1016/j.neuron.2011.10.019。

5. 参见 Carol S. Dweck, PhD, *Mindset: The New Psychology of Success* (New York: Penguin Random House, 2016)。

第三章 建立和调整你的灵活度——从“阿尔法型”到“贝塔型”再到“阿尔法型”

1. 倾听的重要性：在挪威一家医院的一项领导力实践研究中，埃里克·奥德瓦·埃里克森（Erik Oddvar Eriksen）和他在奥斯陆大学的联合研究人员发现，成功的领导力在很大程度上取决于管理者所称的互动“交流模式”。他们的研究驳斥了过去的研究所强调的关于效率和目标达成的领导力的“工具性”观点。研究人员发现，通过积极的对话和倾听创造相互理解和解决问题的工作环境的领导者，会被认为比通过制裁和规则强化效率和目标达成的管理者更高效。参见 E. O. Eriksen, “Leadership in a Communicative Perspective,” *Acta Sociologica* 44:1 (2001): 21–35; https://doi.org/10.1177/000169930104400103。
2. 有关高管培训师对倾听视角的总结，参见 Carol Kauffman and

William H. Hodgetts, "Model Agility: Coaching Effectiveness and Four Perspectives on a Case Study," *Consulting Psychology Journal: Practice and Research* 68:2 (June 2016): 157–176。

3. 有关塔蒂阿娜·巴赫基罗瓦关于自我多样性工作的相关信息，参见 Tatiana Bachkirova and Simon Borrington, "The Limits and Possibilities of a Person-Centered Approach in Coaching Through the Lens of Adult Development Theories," *Philosophy of Coaching: An International Journal* 3:1 (May 2018): 6–22; https://doi.org/10.22316/poc/03.1.02; and Tatiana Bachkirova, *Developmental Coaching: Working with the Self* (London: Open University Press, 2011)。
4. 有意识的领导者会成为更好的领导者：新西兰怀卡托大学的马里·罗奇（Maree Roche）及其同事研究了正念对领导者幸福感的作用。他们采用了 205 名首席执行官 / 总裁、183 名中层管理人员、202 名初级管理人员和 107 名企业家这四个样本，测试了他们的正念水平（强化意识）对他们的心理健康的直接影响。在这四个样本中，研究者发现正念能使他们看到"自身的真实情况"，而不会沉溺于或担心过去或将来的负面事件。他们得出结论："当下的意识和注意力使得领导者能够专注于手头的问题，而不是可能出现的问题或者之前出现的问题，这使他们能够通过反思做出更好的选择，而不是陷入无意识和疯狂的心理状态……这有益于他们的心理健康和幸福感的获得。”参见 Maree Roche et al., “The Role of Mindfulness and Psychological Capital on the Well-Being of Leaders,” *Journal of Occupational Health Psychology* 19:4 (October 2014): 476–489; https://doi.org/10.1037/a0037183。

5. 关于好奇心的神经科学研究：根据加州大学戴维斯分校神经科学中心研究员 M. J. 格鲁伯（M. J. Gruber）及其同事的说法，好奇心能帮助我们了解一个主题，处于好奇状态也有助于大脑记住不相关的信息。这项研究能帮助我们深入了解激发好奇心是如何改变我们的大脑的。该研究的参与者首先评估了他们对一系列琐碎问题的答案的好奇心程度。后来，在他们了解了这些问题的答案后，研究人员对他们的大脑进行了扫描。当对琐碎的信息高度好奇时，人们便更善于学习它们。研究人员发现，当好奇心被激发时，与奖励机制相关的大脑回路活动增加。该团队还发现，当出于好奇心进行学习时，对形成新记忆很重要的大脑区域——海马体的活动会增加。参见 M. J. Gruber et al., “States of Curiosity Modulate Hippocampus-Dependent Learning via the Dopaminergic Circuit,” *Neuron* 84:2 (October 2014): 486–496; https://doi.org/10.1016/j.neuron.2014.08.060。

第四章　意向性沟通——从爱因斯坦的空间到梵高的天空

1. 更好的故事讲述者获得更多的收益：康考迪亚大学和阿尔伯塔大学的研究人员对生物技术、互联网和半导体行业的初创公司进行了广泛的分析，特别研究了创始人采用的叙事方法如何影响其从投资者那里获得资金的可能性和数量。他们发现，那些叙事技巧娴熟的企业家——表达出强烈的认同感、愿景和价值观——获得资助的金额高于仅专注于商业模式和财务预测的公司。参见 M. L. Martens et al., “Do the Stories They Tell Get Them the Money They Need? The Role of Entrepreneurial Narratives in Resource Acquisition,” *Academy of Management Journa* l50:5 (October 2007): 1107–1132。

第五章　房间里的大象

1. 参见 Thuy Sindell and Milo Sindell, “7 Ways Women Leaders Can Excel Being Their Authentic Selves,” *Skyline Group* (blog), September 2017，https://skylineg.com/resources/blog/7-ways-women-leaders-can-excel-being-their-authentic-selves/。
2. 关于心理学家鲁文·巴昂博士的研究、他最近出版的著作及 EQ-i 2.0 情商评估的发展状况的更多信息，参见 http://www.reuvenbaron.org。如果你有兴趣自己参加 EQ-i 2.0 评估，你可以通过 MHS 评估网站 http://www.MHS.com 了解如何与有证书的专业人员联系或者搜索 jeff.hull@instituteofcoaching.org 联系本书作者。
3. 关于左 / 右脑的谬论：犹他大学的科学家通过对超过 1 000 个人的大脑的分析，揭穿了这一谬论。他们没有发现人们优先使用左脑或右脑的证据。犹他大学功能性磁共振成像神经外科测绘服务中心主任杰弗里·安德森（Jeffrey Anderson）博士和他的团队对 7~29 岁的被试在他们休息、学习、解决问题和锻炼时分别进行了大脑扫描。他们观察了 7 000 个大脑区域的活动，并检查了这些区域内部和彼此之间的神经连接。虽然他们在某些关键区域看到了大量神经传导，但平均而言，大脑两侧的神经网络和连通性基本相同。参见 J. A. Nielsen et al., "An Evaluation of the Left-Brain vs. Right-Brain Hypothesis with Resting State Functional Connectivity Magnetic Resonance Imaging," *PLoS ONE* 8:8 (2013): e71275; https://doi.org/10.1371/journal.pone.0071275。

4. 自我决定理论和高效领导力：伊利诺伊州立大学运动机能学和康复学院的安东尼·J. 阿莫罗斯（Anthony J. Amorose）及其同事利用自我决定理论研究了感知能力、自主性和相关性是否会影响运动员学生的动机和后续表现。他们对 581 名男女高中生、大学生运动员进行了调查，了解他们认为自己的教练进行自主支持、建立信任和构建人际关系的程度，并确定这些因素对学生改善动机产生了重大影响。参见 Anthony J. Amorose and Dawn Anderson- Butcher, "Autonomy-Supportive Coaching and Self-Determined Motivation in High School and College Athletes: A Test of Self-Determination Theory," *Psychology of Sport and Exercise* 8 (2007): 654–670; https://doi.

org/10.1016/j.psychsport.2006.11.003。

5. 关于 SCARF 模型的神经科学研究：加州大学洛杉矶分校的神经科学研究人员已经确定了主管痛苦和愉悦经历，例如被接受或被拒绝、受到公平或不公平对待及受到他人尊重或被贬低的神经系统。与身体痛觉方面（例如，其在身体中的位置）相关的疼痛网络在情绪困扰期间以相同的方式被激活。同样地，事实证明，拥有良好的声誉、受到公平的对待及具有合作精神都可以激活会在身体愉悦体验中发生的类似大脑网络活动。大脑的奖励回路会接收神经递质多巴胺，这也是引发食欲的化学物质和网络活动。参见 M. Lieberman and N. Eisenberger, "Pains and Pleasures of Social Life," *Science* 323 (February 13, 2009); http://www.sciencemag.org。

6. 具有对抗性的神经网络：根据凯斯西储大学心理学家理查德·博雅兹的说法，当测试对象的大脑活动通过功能性磁共振成像映射，同时其专注于以任务为导向的活动时，任务积极网络（TPN，全称为 task-positive network）会参与其中，而与人际关系 / 情绪活动相关的默认模式网络（DMN，全称为 default-mode network）会被抑制，反之亦然。这种二分法反映了"移情和分析推理之间的紧张关系"，并且在解决分析问题的同时，大脑似乎面临着同时处理领导力的社会方面和情感方面的挑战。这种角色的神经网络极化对领导者的影响尚不明确。正如博雅兹所说："培养领导者的分析能力和其他相关能力，对抵消这种‘对抗性的’大脑动态产生的影响可能很重要……在大脑网络和相应的领导角色之间切换的能力可能被证明是领导力有效性的关键所在。”参见 R. E. Boyatzis, K. Rochford, and A. I. Jack, “Antagonistic Neural Networks Underlying Differentiated Leadership Roles,” *Frontiers in Human Neuroscience* 8:114 (2014); http://doi.org/10.3389/fnhum.2014.00114。

第七章　做真实的自己——从斯多葛主义到承认你的脆弱

1. 脆弱性作为一种力量：内华达大学环境与公共事务学院的研究人员对来自教育领导力专业的博士生进行了访谈并分析了其数据，这些博士生参加了模拟工作环境培训，培训要求他们冒在一定程度上会引发个人不适的风险并进行个人反思。他们发现，当培训计划创造了一个促进自我表露的安全空间时，参与者会变得更加投入、专注于学习，并因此致力于在现实工作环境中能够以更高的敏感度领导他人。参见 Edith Rusch et al., “Transforming Leadership Identity in a Virtual Environment: Learning About the Leading Self,” *Journal of Transformative Education* 11:1 (2013): 45–69。
2. 关于人类之间面部识别、产生共鸣、建立信任和进行非言语联系背后的神经功能的更深入分析，参见威斯康星大学麦迪逊分校心理学教授葆拉·尼登塔尔（Paula Niedenthal）的研究，例如 Paula Niedenthal et al., “Functionally Distinct Smiles Elicit

Different Physiological Responses in an Evaluative Context," *Scientific Reports* 8 (2018); http://doi.org/10.1038/s41598-018-21536-1。

3. 价值观调整是信任领导力的关键：在昆士兰大学，研究人员调查了领导力实践与研发团队对科技人员的信任之间的关系。事实证明，在建立对领导力的信任方面，有三个因素是最重要的：做决策时的透明沟通、沟通集体愿景、与领导者分享共同的价值观。根据研究员妮可·吉莱斯皮（Nicole Gillespie）的说法，"分享共同的价值观可以帮助团队成员预测领导者将来如何行动，并让他们确信领导者不会违背共同的价值观。共同的价值观、共同的目标和协商决策制定降低了不确定性，因为它需要公开、诚实的沟通和分享对每个人都很重要的东西"。参见 Nicole Gillespie et al., "Leadership and Trust: Their Effect on Knowledge Sharing and Team Performance," *Management Learning* 41:4 (2010): 473−191; https://doi.org/10.1177/1350507610362036。
4. 谦逊品质的领导力价值：俄亥俄州立大学、波特兰州立大学和中国人民大学的研究人员确认，领导者的谦逊品质——其特点是愿意承认一个人的局限、缺点和错误，并表现对追随者的欣赏和信任——是与团队创造力相关的关键领导者特质。他们通过将团队心理安全和信息共享视为变量，探究了领导者的谦逊品质与团队创造力之间的关系。数据来自中国 11 家信息技术公司的 72 个工作小组和 354 名团队成员和主管 / 经理。结果表明，领导者的谦逊品质与信息共享的价值、影响和方法之间存在正相关的关系。此外，研究人员发现，领导者在信息共享方面的开放性和透明度有助于建立心理安全，从而显著提升团队创造力。参见 J. Hu et al., "Leader Humility and Team Creativity: The Role of Team Information Sharing, Psychological Safety, and Power Distance," *Journal of Applied Psychology* 103:3 (2018): 313–323; http://dx.doi.org/10.1037/apl0000277。

第八章　充分调动你的身体

1. 关于身体智力的科学：剑桥大学国王学院的乔恩·欣德马什（Jon Hindmarsh）和英国诺丁汉大学的艾莉森·皮尔尼克（Alison Pilnick）对麻醉工作团队进行了一项基于视频的研究，分析了组织成员在活动中的实际身体状态。该研究强调了体内（体细胞）认知在团队合作的实时协调中的重要性。研究人员观察了资深内科医生的工作情况并指出，团队通过最细微的言语互动来协调复杂的临床和身体动作。诸如身体放置、手势、行动和面部表情——点头、微笑、目光接触等信号表明，即使在高度复杂的团队互动中，身体行为和非言语交流也是组织成员"谈话"的基础，对他们的成功至关重要。参见 Jon Hindmarsh et al., "Knowing Bodies at Work: Embodiment and Ephemeral Teamwork in Anesthesia," *Organization Studies* 28 (2007): 1395–1416; http://dx.doi.org/10.1177/0170840607068258.

2. Taisen Deshimaru, *The Zen Way to the Martial Arts* (New York: Penguin, 1982).
3. 身体作为语言：巴特勒大学的副教授艾莉森·奥马利（Alison O'Malley）及其同事发起了一项实验，他们让观察者观看一个领导者的视频，内容涉及其在演讲期间的一系列趋近、回避或中立的行为表达，同时，观察者的身体反应通过网络摄像机被记录下来。结果表明，根据他们观察到的身体姿势，观察者更可能模仿回避行为（例如交叉手臂、摇头）而非趋近行为（例如伸出手臂、点头）；观察者非常适应非言语活动，他们会无意识地模仿他人的行为。此外，与更多使用趋近 / 开放式非言语行为的观察者相比，那些倾向于做出回避模仿行为的观察者往往会对领导者产生负面印象。参见 A. L. O'Malley et al., "Incorporating Embodied Cognition into Sensemaking Theory: A Theoretical Integration of Embodied Processes in a Leadership Context," *Current Topics in Management* 14 (2009): 151–182。
4. Carrie Arnold, PhD, PCC, "The Silenced Female Leader: Coaching Women to Find Purposeful Voice," Willow Group, April 2017; http://www.willow-group.com. 该研究受到哈佛医学院麦克林医院附属教练学院的资助。
5. 直觉科学：新南威尔士大学的一组研究人员利用科学证明了直觉，即我们所认为的“本能”决策的存在。在实验中，大学生们看到了由移动的点组成的团状物——看起来和听起来都像你在老电视上看到的“雪花点”。参与者必须判定团状物移动的总体方向——向左或是向右。被试被要求在正面图像（如可爱的小狗的照片）及负面图像（如即将偷袭猎物的蛇）都在他们的眼前经过（而他们并未意识到它们的存在）时做出决定。皮尔森及其同事发现参与者的决定直接受到图像的影响。研究人员还测量了参与者的皮肤电传导——一种物理唤醒指标，关注他们在做出决定时对图像的情感内容的显著生理反应，尽管在接受调查时，他们都认为自己当时没有看到照片。惊人的结论是：无意识的“数据”会影响，并且绝对可以影响身体和大脑，甚至改善我们的决策。参见 Galang Lufityanto et al., “Measuring Intuition: Nonconscious Emotional Information Boosts Decision Accuracy and Confidence,” *Psychological Science* 27:5 (April 2016): 622–634。

6. Richard Strozzi-Heckler, *The Art of Somatic Coaching: Embodying Skillful Action, Wisdom, and Compassion* (Berkeley, Calif.: North Atlantic, 2014).

7. 环境很重要：艾奥瓦州立大学的詹姆斯 · C. 麦克罗伊（James C. McElroy）研究了一家大型中西部金融服务机构的主要办公室变更 / 翻新和员工搬迁的影响。他对 271 名员工（男性占 35.4%，女性占 64.6%）进行了在线调查，其中约一半的人参与了办公室的重新设计和搬迁项目。该公司进行办公室整修的目标很明确：通过使更小的空间容纳更多员工来降低成本，促进更具协作性的企业文化的发展，以及增强积极的工作态度。所有家具都被置换一新，软装也进行了更新，办公室的颜色更加明亮，分区高度减小以增加自然光。新增了普通会议 / 聚会区，减少了现有的噪声。结果表明，在新的办公环境中工作的员工认为该企业的文化不再那么正式，而是更具创新性和协作性，并且认为他们有更强的自主意识。参见 J. McElroy, "Employee Reactions to Office Redesign: A Naturally Occurring Quasi- Field Experiment in a Multi-Generational Setting," *Human Relations* 63:5 (2010): 609–636。

8. Jennifer Wilhoit, PhD, *Writing on the Landscape: Essays and Practices to Write, Roam, Renew* (Bloomington, Ind.: LifeRich Publishing, 2017).

第九章　精诚合作——从权力关系到伙伴关系

1. Rockwood Leadership Institute; https://rockwoodleadership.org/art-of-leadership/.
2. 协作领导力起作用：有一组研究人员开始探究"协作领导行为是否会形成更好的决策?"这一问题的答案。关于这个问题的实验是我在 7 个月之内与工商管理硕士研究生团队进行的，他们与被称为关键学院官员的院长、教授、行政主管的团队领导者（由训练有素的演员扮演）以一个小时为单位进行了一系列的会面，并做了与学术指导相关的决策。研究人员设置了两组连续的会议，“领导者”要使用两种截然不同的领导行为来引导学生完成类似的决策过程。一组领导者在他们的团队中以经典的“阿尔法型”模式行事：用指令打断他们，并持续提出强势的要求和基于“我”的陈述。其他领导者接受了培训，在他们的方法中进行协作：提出开放式问题，鼓励他们的团队成员说出自己的想法，并使用开放、热情的身体姿势（由传感器跟踪监测），表现同理心、透明度和共同的能量。结果非常清晰：团队动态的参与度越高，团队决策达成共识和做出“正确”决策的可能性就越大。结论：协作起了作用。参见 Kim T. McFee et al., “Sociometric Badges: Using Sensor Technology to Capture New Forms of Collaboration,” *Journal of Organizational Behavior* 33:3 (2012): 412–427。

3. 跳出 S 曲线：埃森哲咨询公司高绩效商业研究项目的领导者保罗 · 纽恩斯（Paul Nunes）和蒂姆 · 布瑞尼（Tim Breene）研究了全球数十个行业的数千家公司，证明许多领导者只关注所谓的收入增长的 S 曲线。在此曲线上，业务发展一开始较平缓，然后在迅速增长到接近市场饱和后趋于平稳。相比之下，业绩最佳的组织通常会尽早地积极管理隐藏的 S 曲线，以克服可能发生的混乱中断并为下一代创新做好准备。他们研究的一个重要发现是人才发展的 S 曲线——建立人才温室，以实现劳动力市场本身无法做到的事情的重要性。在实践中，斯伦贝谢（Schlumberger）等公司投入巨资以获得稳定的人才流，然后通过培训、训练、轮岗和职责拓展提供持续学习的机会，以使员工始终可以“跳出”他们的个人 S 曲线。参见 P. Nunes and T. Breene, *Jumping the S-Curve: How to Beat the Growth Cycle, Get on Top, and Stay There* (Boston: Harvard Business Review Press, 2011)。

4. 关于积极反馈的神经科学研究：凯斯西储大学的理查德·博雅兹及其同事进行的研究发现，当参加测试的学生观看他们自己对引发积极和消极情绪回应的问题和反馈做出回应的视频时，他们接受功能性磁共振成像的大脑图案会发生微妙变化。根据博雅兹的说法，“积极情绪吸引子”（一种神经皮质网络活化因素）触发了建设性的认知和生理反应，增强了个体的动机、努力程度、乐观程度、灵活度、创造性思维、韧性和其他适应性行为。“负性情绪吸引子”（大脑中一种不同的皮质网络）则会触发单独的过程，该过程会增强社会压力源，并可能损害个人的效率。尽管这两种情绪吸引子在有意识的改变中发挥着重要作用，但关注积极方面以提升改变的内在动力才是关键所在。参见 Richard Boyatzis et al., “The Role of the Positive Emotional Attractor in Vision and Shared Vision: Toward Effective Leadership, Relationships, and Engagement,” *Frontiers in Psychology* 6:670 (2015); http://dx.doi.org/10.3389/fpsyg.2015.00670。
5. 心理安全的益处：哈佛商学院诺华领导力教授（Novartis Professor of Leadership）艾米·埃德蒙森研究了 16 个手术室中

的“跨学科行动团队”在心脏外科手术中的表现和团队动态，团队成员包括外科医生、麻醉师、护士、技术人员和支持人员。她总结说，当培养并实践以下特性，包括领导者接受培训以减少等级制度的负面影响，团队被赋予敢于“说出真实想法”的权力，举行沟通会议以明确争取最大限度地减少团队成员之间权力和地位的差异时，团队的学习能力和业绩会同时大幅提升——效率更高，更加成功地推行新技术，犯更少的错误。参见 A. Edmonson, “Psychological Safety and Learning Behavior in Work Tea ms,” *Administrative Science Quarterly* 44:2 (1999): 350–383。

第十章　参与度——头脑与躯体

1. 参见《纽约时报》对谷歌通过员工调查和内部工作强化价值观的报道：Charles Duhigg, “What Google Learned from Its Quest to Build the Perfect Team,” *New York Times*, February 25, 2016。
2. 最大限度发挥创造力：加州大学圣巴巴拉分校心理学和脑科学系的本杰明·拜尔德（Benjamin Baird）及其同事研究了休息和冥思——集中注意力期间的小憩——的好处并发现，学生在短暂的休息和被他们称为“孵化”的时间里，也就是在不专注和冥思的几分钟里，能够在创造性地解决问题上做得更好。数据表明，允许思维发散有助于更好地以创造性的方式解决问题。参见 B. Baird et al., “Inspired by Distraction: Mind Wandering

Facilitates Creative Incubation," *Psychological Science* 23:10 (2012): 1117–1122。

3. 培训的涟漪效应：悉尼大学的研究员肖恩·奥康纳（Sean O'Connor）和迈克尔·卡瓦纳（Michael Cavanagh）使用社交网络分析（SNA）的方法，在被他们称为受培训者的"理性网络"的范围内，研究培训对他人福祉潜在的非线性和扩展影响。在这项研究中，20 位领导者接受了 8 次个人培训课程，其中包括自我报告和 360 度（前后）反馈意见，最终结果表明，他们的目标达成水平和心理健康水平显著上升。研究者通过社交网络分析发现，受培训者的人际网络成员——比如那些被认为与受培训者密切相关的人——也极大增加了积极的幸福感。参见 Sean O'Connor and Michael Cavanagh, "The Coaching Ripple Effect: The Effects of Developmental Coaching on Wellbeing Across Organisational Networks," *Psychology of Well-Being* 3 (2013); http://dx.doi.org/10.1186/2211-522-3-2。
4. 越来越多的研究正在关注如何通过建立办公空间配置模型来优化员工对隐私和群体互动的需求。有关模型和案例研究的示例，参见 Adel Mohammad A. Binyaseen, "Office Layouts and Employee Participation," *Facilities* 28 (2010): 348–357。http://dx.doi.org/10.1108/02632771011042455.
5. 大自然的创作灵感：来自犹他大学和堪萨斯大学的心理学家大卫·斯特雷耶（David Strayer）及其同事研究了大自然对创造

力的影响。他们发现，花大量时间在自然界中——切断与技术的联结——明显提升了经过验证的创造性测试的分数。该研究涉及 56 人，包括 30 名男性和 26 名女性，他们参加了荒野徒步旅行，旅途中不允许使用电子设备。在这 56 名研究对象中，有 24 人在他们开始背包旅行的早晨进行了 10 项创造力测试，另外 32 人在旅行的第四天早晨参加了测试。根据该研究报告的联合作者斯特雷耶所说，结果是“连续四天沉浸在自然界中，与多媒体和技术分离，将创造力和解决问题方面的表现提升了整整 50%”。参见 Ruth Atchley, David Strayer, and Paul Atchley, “Creativity in the Wild: Improving Creative Reasoning through Immersion in Natural Settings,” *PloS One* 7 (2012): e51474。http://dx.doi.org/10.1371/journal.pone.0051474.